INDIO SOLARI

El hombre ilustrado

Diseño de tapa: Juan Pablo Cambariere

Asistencia periodística: OSCAR JALIL

GLORIA GUERRERO

INDIO SOLARI

El hombre ilustrado

EDITORIAL SUDAMERICANA
BUENOS AIRES

Guerrero, Gloria
   Indio Solari : el hombre ilustrado. – 2ª ed. – Buenos Aires : Sudamericana, 2005.
   192 p. ; 23x16 cm. – (Biografías y testimonios)

   ISBN 950-07-2599-1

   1. Indio Solari-Biografía. I Título.
   CDD 927.8092

Primera edición: abril de 2005
Segunda edición: abril de 2005

IMPRESO EN LA ARGENTINA

Queda hecho el depósito
que previene la ley 11.723.
© 2005, Editorial Sudamericana S.A.®
Humberto I 531, Buenos Aires.

www.edsudamericana.com.ar

ISBN 950-07-2599-1

A mi familia, a Enrique, a mis amigos y al rocanrol del país.

AGRADECIMIENTOS

Gracias a Raquel Kobrin y Fernando *Gato* Mazzeo por su asistencia técnico-espiritual; a la gentileza y la memoria de todos los entrevistados, y a la ayuda de Diego Mileo, Julio Parissi, Eddie Babenco, Margarita Bruzzone, Gabriela Scatena, Guadalupe Gaona, Gabriel Vinzio, Radio Universidad de La Plata, Luciana Rivas, Liliana Romero y Luciano Angeleri.

LISTA DE INVITADOS

RICARDO *MONO* COHEN (ROCAMBOLE): Fundador e ideólogo de La Cofradía de la Flor Solar, responsable de la imagen de los Redondos y reconocido artista plástico. Actualmente es vicedecano de la Facultad de Bellas Artes de la Universidad Nacional de La Plata.

CARMEN CASTRO (LA NEGRA POLI): Junto a Skay Beilinson y el Indio Solari formó la Santísima Trinidad Ricotera, que dominó durante veinticinco años los destinos de Patricio Rey y sus Redonditos de Ricota. Fue la manager oficial del grupo. Hoy se ocupa de la carrera solista de Skay.

SERGIO MARTÍNEZ (MUFERCHO): Maestro de ceremonias, monologuista y una de las atracciones principales de los shows en los primeros años de vida de la banda.

BASILIO RODRIGO: Guitarrista y uno de los miembros fundadores de Patricio Rey y sus Redonditos de Ricota. Varios de los primeros temas del grupo salieron de su pulso eléctrico, por ejemplo "El supersport".

RICKY RODRIGO: El menor de los hermanos Rodrigo y el benjamín del grupo. Ingresó en la banda con sólo 17 años, tocando violín y guitarra.

PEPE FENTON: Primer bajista de los Redondos. Hoy integra agrupaciones de rock platense y trabaja como operador en Radio Universidad de La Plata.

QUIQUE PEÑAS: Fotógrafo oficial de los primeros años de vida ricotera, también participó como actor en las películas escritas por el Indio Solari y es responsable de las animaciones del video *Masacre en el Puticlub*.

DÉBORAH BRANDWAJMAN: Amiga del Indio en los tiempos de Dulcemembriyo.

WILLY CROOK: Saxo de los Redondos. Luego tocó con Los Abuelos de la Nada, Mimilocos, Pachuco Cadáver, Lions in Love y la banda de Charly García, entre otros. Hoy sigue adelante como solista.

ISA PORTUGHEIS: Amigo de Solari durante la etapa escolar, más tarde fue baterista de Diplodocum Red & Brown, Billy Bond y La Pesada del Rock & Roll, y Cantilo y Punch. Hoy dicta seminarios de management y trabaja en la producción de espectáculos musicales.

GUSTAVO GAUVRY: Ingeniero de sonido y productor artístico. Es dueño de los estudios Del Cielito.

LITO VITALE: Músico y frecuente colaborador de los Redondos.

RUBENS *DONVI* VITALE: Músico, fundador del grupo MIA y pionero de las producciones independientes argentinas.

ALFREDO ROSSO: Periodista de rock.

CLAUDIO KLEIMAN: Periodista de rock.

RAFAEL HERNÁNDEZ: Locutor de radio, condujo –entre otros programas– *Rayuela* (Radio del Plata), *Piso 93* (FM Rock & Pop) y *El Puticlub* (La Rocka).

GUSTAVO NOYA: Musicalizador y productor radial y de espectáculos. Hoy se dedica a la industria cinematográfica.

PUPETO MASTROPASQUA: Responsable de la organización de los primeros shows de los Redondos en Mar del Plata. Es reconocido como un importante animador del mercado de arte rioplatense.

1

UN GRAN REMEDIO PARA UN GRAN MAL
O de cómo encontrar viejas medicinas para soñar

—Lo que pasa es que yo tengo una hernia de hiato acá.

El tipo tiene la cabeza lisa como un picaporte. Se toca la boca del estómago y se ríe de lo que dice, como si se disculpara.

—Es por eso que siento un mal aliento todo el tiempo, desde adentro.

Debería moderarse con la comida, si tiene hernia de hiato. Pero se está clavando una ensalada caprese (mozzarella, albahaca, tomate) desde un plato que parece una palangana. La boca de su estómago contempla, además, un medallón de lomo. Y si hay algo que, definitivamente, no debiera meterse en la panza, es ese vino. No para una hernia de hiato. Ni para una hernia de bolsillo, tampoco. Ese vino en su mesa no es un "San" Cadorna, lo que indica devoción mística mas no alcurnia. Es un "Don" Cadorna. Fina prosapia. En este caso, nada menos que cien pesos de prosapia por botella. Puede pagarlos. Se ríe de nuevo.

El tipo tiene 56 años (pero algunas veces ha dicho uno o dos menos y ahora, también algunas veces, dice uno más). Es muy paranoico con su salud (pero quizá nunca lo admita). Es cierto: se pone muy mal con el tema de la salud, aunque, paradójicamente, no se cuida. Es igual a su ex amigo Sergio Martínez, el Mufercho; son de la misma especie. Ese Sergio tiene la manía de ir a tu casa, meterse en tu baño, abrirte el botiquín y fijarse qué hay; siempre algún remedio te agarra. Él, el Indio, es igual. La farmacopea es su Norte. Uno esguinza un meñique y él salta: "¡Acá tengo algo para ti!"; tiene razón Willy Crook: el Indio es un vademécum viviente.

Y después, esa pierna. Siempre con el tema de la pierna, quejándose de la pierna; ese accidente que tuvo y nunca dice ni cuándo fue, ni qué pasó. Según él, ya "no debería caminar", pero, por algún milagro, todavía funciona esa pierna. "Es un gran esfuerzo el que hago cada vez que salgo al escenario..." Sí, sí, está bien, está bien. Quejoso, como una criatura. Y no se despega de ese maletín con medicamentos, con las cremas que se tiene que poner todos los días... El Indio solía andar con un médico amigo que le proveía muestras. Pero eso ya pasó. Después era la marihuana la que le hacía mal: vomitaba de tanto toser. Pero eso ya pasó, también. Ahora es esto. Her-nia-de-hia-to. Suena japonés. Perfecto: los haiku, esos poemas japoneses, le encantan; el Indio dice que hasta lo hacen llorar.

–¿No tenés una pastillita de menta?

–Sí.

–Gracias (*se la pone en la boca*). Es por el mal aliento. No quiero que nadie se dé cuenta de nada.

Con el vino nunca tuvo problemas; suele digerirlo bastante bien. Los miércoles, cuando todavía no había cumplido los 30, a eso de la una de la tarde salía del hogar de chicos donde trabajaba como secretario y se juntaba en la disquería de Alfredo Rosso con el Rafa Hernández. Se iban los tres a comer a La Robla, bajaban al sótano y se quedaban tomando vino hasta que los echaban... Y ahí, se acuerda el Indio, conoció el helado de sabayón.

Después no se acuerda más. Por los efluvios del escabio, se había tenido que tomar un taxi desde el centro hasta su casa de Ramos Mejía, toda una fortuna para la época. Por ese entonces, no le sobraba la plata.

Al otro día el Rafa le dijo:

–Che, me encantó el sabayón, yo tampoco lo había comido nunca.

–¿Sabés? –contestó el Indio–, cuando llegué, me desperté y lo tenía puesto acá.

"Acá" era sobre la panza, donde ahora está la hernia de hiato. Se había quedado dormido, del pedo, con el helado en la remera. Las moscas sobre el sabayón lo despertaron cuando llegó a Ramos. Estaba hecho un despojo en el asiento de atrás del taxi. Entró en su casa de la calle Bolívar, en la esquina misma. Se tiró en el sillón del pequeño living. Miró alrededor, la decoración austera, humilde; la repisa chiquita donde se amontonaban los libros de Castaneda y de los poetas beatniks. Se quedó dormido otra vez.

El Indio Solari, voz y poesía de los Redonditos de Ricota —uno de los fenómenos sociomusicales más poderosos de la Argentina—, recién empezaba a traducir el imaginario de más de una generación difícil. Durante un cuarto de siglo tuteó a quienes no querían identificarse, describió paisajes que pocos alcanzaban a ver, se codeó —y se pegó codazos— con los intelectuales de su grey; terminó cantando con coros de (des)ángeles que murieron —y se mataron— en *misas* que intentaron sostener las diferencias entre los que *podían* y quienes *no estaban permitidos* en una sociedad violenta, acuartelada, inconsciente, con la lengua afuera. Y pensar que todo comenzó como una pintura *freak* entre librepensantes de clase media... El final fue otro, entre barricadas.

Ese Indio que estaba ahora tirado en su casita de Ramos nada sabía de eso. No todavía.

El plato con el medallón de lomo quedó limpio. Los placeres de la carne, siempre los placeres de la carne. Cada vez que iba a tocar a Mar del Plata con los Redondos, el Indio moría por un asado en lo de su amigo Pupeto. Tanto moría por esa sumatoria de chinchulos y vacío, que una vez metió la pata: entre tema y tema de un recital en el teatro San Martín, el de la calle Independencia, invitó a todo el público "a un asado, mañana en lo de Pupeto". Por suerte, los efusivos ricoteros no sabían dónde quedaba la casa de Pupeto, salvo dos chicos que vivían a la vuelta y cayeron. Los recibió Nelly, la esposa de Pupeto.

—¿Es cierto que los Redonditos van a venir a comer un asado acá? —preguntaron los pibes, largando baba. Nelly les dijo la verdad:

—Sí, van a venir.

—Uy, porque nosotros quisiéramos hablar con el Indio, sacarnos una foto con él...

Y Nelly, que es más buena que San Francisco de Asís, les dijo que iba a hablar con el Indio. El Indio, otro santo, no tuvo problema y se sacó unas fotos con ellos. Pero les pidió que no se lo contaran a nadie. Y que comieran únicamente carnecita y ensalada. Que les estaba vedado el postre.

El lemon pie de Nelly. El único, ínclito, bendito e inimitable Nelly's Lemon Pie.

PUPETO MASTROPASQUA: Una vez le hicimos una broma al Indio: le dijimos que Nelly había estado muy ocupada y que, en fin... que íbamos a comer el asado, como siempre, pero que Nelly no había podido hacer el lemon pie. Ay, ¡cómo se puso el Indio...! Estaba realmente bajoneado... Hasta que apareció el lemon pie y, bueno, era una broma... Casi se muere del susto.

Degustar exquisiteces en casas amigas siempre fue su fuerte. Hasta tenía unas tarjetas de visita que dejaba en la puerta de alguien cuando, si pasaba a visitarlo, no había nadie. Eran tarjetitas *multiple-choice* y, por ejemplo, decían:

PASÉ POR SU CASA PORQUE ME ACORDÉ DE QUE USTED:

HACE UN BUEN CAFÉ...

TIENE BUEN VODKA...

y había un cuadradito al lado de cada opción. Abajo decía:

TACHE LO QUE NO CORRESPONDA.

Cuando el amigo ausente volvía a su casa y encontraba la tarjeta, reía por lo bajo, emocionado: "Qué capo, este Daddy, qué tipo creativo, carajo...".

FENTON: El Indio siempre tuvo alrededor un séquito de aduladores. "Daddy", le decían; no le gusta que se lo recuerden. Yo lo conocí en una reunión de Silo, un líder político-místico de los años 70. Venían las elecciones del 73 y Silo reapareció tratando de insertarse en la coyuntura política de ese momento. Su propuesta era medio anarca, porque proponía el voto anulado revolucionario (VAR). Y ahí salíamos el Indio y yo a pintar esa consigna en las paredes. El Indio tenía el pelo larguísimo y barba, y decía: "Yo no vengo acá para identificarme con un signo masónico, yo quiero que me digan dónde hay que poner la bomba"... Entonces me hizo escuchar a Frank Zappa.

Algo excesivo.

Ese mismo año, Luis María Canosa (del grupo Dulcemembriyo, donde cantaba Federico Moura) le presentó al Indio a Déborah Brandwajman y "hubo onda", parece.

Déborah se ruboriza:

—Me pasó lo que le pasó a cualquiera de mi generación, me enamoré del Indio. Yo siempre le decía que era un tipo realmente carismático...

De todos modos, el por entonces pelilargo siguió de novio con una chica llamada Andrea. Ambos, junto a Pity Maldonado y su mujer, Silvia, pintaban túnicas y hacían carteras. Y también leían el *Libro tibetano de los muertos*. Y escuchaban a Luis Eduardo Aute.

Déborah: El Indio nos decía: "Miren lo que canta este tipo"... Era una cosa muy graciosa, la letra: "Dice mi perro a veces que los perros no saben hablar/ que algunos hombres parecen perros que quieren hablar". Él siempre buscaba cosas que te disparaban a pensar. Era una actitud medio que "yo te la tiro, hacete cargo y fijate qué te pasa". Era un tipo muy lindo, muy angelical, muy especial; tenía mucha *luz*.

El Indio había colaborado con las letras de Dulcemembriyo. Una letra, coescrita con Beto Verne, decía:

Estamos en un vínculo.
Vamos a ver qué es eso de pesar en un vínculo.
Asombramos a extraños queridos.
Vamos a ver qué es eso de asombrar a extraños queridos.
Veo señores que caen boca abajo,
Ocultan revanchas,
Cuidan su rango,
Está en salvarlos.

Y doy vueltas y doy vueltas
Y doy vueltas sin parar.
Iluminemos nuestras rutas.
Vamos a ver qué es eso de iluminar en rutas.

Es más: había dibujado la tapa del primer disco de Dulce. Pero ese disco nunca salió. Y la ilustración se perdió.

¿En serio se perdió?

Nada se pierde. Todos se encuentran.

DÉBORAH: Los cuatro se mudaron a un departamento: el Indio, Andrea, Pity y Silvia. Una vez se fueron a laburar a la costa y dejaron el departamento vacío. Y había una batata sobre la heladera, que creció. Cuando volvieron, la batata estaba totalmente enredada en la manija de la heladera, y entonces empezaron a imaginarse qué habría sucedido si la batata hubiera crecido más, y jugaban, diciendo: "Abrí la heladera", y el otro contestaba: "¿Qué heladera?, ¿la batata?". Después fue: "Barré el piso", "¿Qué piso?, ¿la batata?", y después, cada vez que alguien decía un disparate, algo que no tenía nada que ver, todos le preguntaban: "¿Qué tal cosa?, ¿la batata?". El delirio del Indio con sus amigos siempre se expandía, y todos terminábamos usando sus frases. Tenía un humor muy ácido, muy ácido. Y la habilidad de capturar cosas de algún personaje, de cualquiera. Había una persona que se había acercado a la gente de La Cofradía de la Flor Solar [el grupo de rock-comunidad independiente que nació en La Plata en el verano de 1967 y sentó las bases de lo que luego fueron los Redondos]; el tipo se había sentido *hermanado*, digamos: era maquinista en barcos de vapor y había tenido un episodio de locura muy fuerte. Y entonces conoció a un par de hippies que le dieron de fumar y lo llenaron de pastillas para que no tuviera brotes. El tipo no tenía nada que ver con nosotros, pero era muy divertido; a cada rato repetía: "Incluso, te digo más". El Indio lo captó en seguida, y todos terminamos incorporando el "Incluso, te digo más". Si las frases no las generaba el Indio, las hacía correr, o le daba una vuelta de tuerca a alguna expresión verbal hasta que todos los demás la usábamos. Tiene esa cosa de síntesis…

Estamos en un vínculo
Vamos a ver qué es eso de pesar en un vínculo.

Entonces, el Indio se casó con Andrea. Se casó en el Registro Civil de La Plata; Guillermo Beilinson y Laura, su mujer, fueron los padrinos. ¿La indumentaria de los novios? Pura cepa hippie: pantalones desteñidos, tipo batik; camisolas y collares de mostacillas.

Pero el matrimonio duró poco. ¿Dos meses?

Lo que duró mucho fue la fiesta...

DÉBORAH: Después de la boda, todos nos juntamos en la casa de la madre de Andrea, la actriz Chani Mallo, una mina muy interesante, re-copada. Fue una reunión enloquecida; después de comer, la vieja se emborrachó y empezó a hacer cosas muy cómicas. Fue increíble, muy...

... excesivo.

Todo era excesivo para el Indio.

Por más que la marihuana le diera arcadas, no paraba de fumar. Por más miedo que tuviera de morirse, su discurso era que no importaba nada y, como nada importaba nada, había que darse vuelta como un trompo.

El 24 de mayo de 1973, la Argentina se preparaba para el Día Siguiente: el "sol del 25" que prometía asomar celebraría la asunción presidencial de Héctor Cámpora, primer mandatario civil después de casi ocho años de gobiernos militares y dieciocho años de proscripción del peronismo. Esa tarde, a la casa que Fenton compartía en La Plata con unos chicos que estudiaban periodismo, cayó un periodista *free lance* de la Red O Globo del Brasil; su misión: la cobertura de la asunción del nuevo presidente.

FENTON: Pero el tipo era un delirante, peor que todos nosotros juntos. Salí con este brasileño a la calle, para que conociera un poco La Plata, y lo llevé a la casa del Indio. El Indio había vuelto hacía poco de un viaje al Brasil, y estaba con toda esa efervescencia carioca en la cabeza. Y nos quedamos toda la noche, horas y horas y horas, hasta la mañana siguiente, charlando, tomando anfetaminas y hablando y hablando. ¿Qué pasó? Que, de tanto tratar de hablar en portugués con el tipo, y de tanto charlar de cualquier cosa, ¡se nos ampollaron las lenguas! Al mediodía siguiente quisimos comer y no pudimos: teníamos las lenguas como si nos hubiera pasado una aplanadora. Así era el Indio, un exagerado. A mí me molestó que con el tiempo se hiciera burgués...

Brasil había sido un buen viaje. El Indio no paraba de contar que una noche le había llevado a una famosísima cantante brasileña, como regalo, un *baseado* [porro] enorme; allá vendían la marihuana como en un papel de diario enrollado... ¡Y en vez de pegarle una pitadita, la dama se lo prendió todo, semejante velón! No se lo olvida más, el Indio. Había gente más exagerada que él, después de todo.

Igual, la adrenalina verdadera estaba en leer, en escribir, en dibujar. Se comió *Adán Buenosayres*, de Leopoldo Marechal, en minutos. (Después se lo prestó a Fenton.) Llenó miríadas de cuadernitos Gloria con poesías, dibujitos e historietas. Leer, dibujar, escribir, todo el tiempo.

WILLY CROOK: Es un tipo con un don, con un cerebro privilegiado a la hora de escribir. Su manera de escribir es de otro planeta, casi. Es un tipo verbalmente implacable, y es muy raro combinar ese talento con la virtud de documentarlo. Si todos pudiéramos plasmar las ideas que tenemos acá arriba (*señala su cabeza*) a lo largo del recorrido físico hasta la punta de los dedos, todos seríamos Shakespeare. Y el mundo estaría lleno de artistas.

Entonces escribir, sí, pero también dibujar. Alguna vez el Indio pretendió ser pintor de caballete, de verdad, pero nunca tuvo tiempo. Sus cuadros, que muda de paredes cada vez que se muda de casa, son densos, cargados de angustia y pasión; nunca fáciles, ni *llevaderos*. Pero lo que más terminó moviéndole las tripas fue el cómic. Mucho cómic francés. Y mucho Robert Crumb (*Fritz the Cat*, *Mr. Natural*), la figura más reverenciada del cómic

20

underground de los Estados Unidos, tan esencial a esa disciplina como Frank Zappa al rock & roll. De hecho, basta prestar atención a su poesía para encontrar ese lenguaje de cuadros y globitos. *Bang, bang*, viejo: estás liquidado. ¿Y qué podría pensar la víctima en semejantes circunstancias? *Gulp*.

IsA PORTUGHEIS: El Indio era un genio dibujando, desde chiquito. Me enseñó algunas cosas que eran como *trucos* de dibujo; por ejemplo, cómo dibujar un avioncito que parezca que se mueve... Y el tipo dibujaba de la reputa madre. Te dibujaba una vela chorreada, ¡y sólo tenía 10 años!

Isa y el Indio cursaron juntos parte de la primaria en la escuela N° 33 de La Plata, de las calles 8 y 38. Se sentaron juntos en el mismo banco y se hicieron amigotes enseguida. Carlos Alberto Solari, el entrerriano, había nacido el 17 de enero de 1949; sus padres eran bonaerenses, pero como don Tito Solari trabajaba como jefe de Correos y lo trasladaban continuamente de un lugar a otro, la familia había recalado fortuitamente en Paraná cuando el pequeño Indio dio señales de vida. En esa época, se acuerda el Indio, ser jefe de Correos "era como ser presidente de un banco"... Año y medio después se mudaron a Santa Fe y luego se establecieron en La Plata, donde el niño hizo la primaria y luego la secundaria –realizando un tour por casi todos los colegios, desde el Industrial Albert Thomas hasta el bachillerato de Bellas Artes, el Normal 3, su ruta–; la familia vivía en un departamento en la calle 41 entre 7 y 8, un departamento interno, tipo *pasillito*, el segundo contando desde la puerta de calle.

El Indio adoraba a sus viejos. Se sentaba a la mesa de la cocina a escuchar cómo cantaba su mamá, Chicha, mientras hacía la comida. Todas las canciones populares que conozco, dice el Indio, las aprendí de mi mamá. (Hoy Chicha tiene 94 años.) La voz que tengo, dice el Indio, la heredé de mi mamá. Su padre, un hombre serio, hierático, falleció demasiado pronto, por un problema pulmonar; su hijo conserva por él un profundo respeto y un amor alimentado por los mejores recuerdos.

IsA: Yo iba a la casa del Indio y no había nadie más que él. Nadie, ni su hermano mayor; cuando yo iba, nunca había nadie.

21

Caía a su casa a la tarde, y lo encontraba dibujando. El Indio era un chico retraído y tímido, introvertido; era *callado*. Por ahí hablaba si era necesario; si no, prefería mantenerse en silencio. Era un alumno normal; creo que no le costaba mucho, porque tenía un intelecto despierto... Lo que me llamaba la atención era que no veía gente a su alrededor; o sea, supongo que la mamá laburaría, el hermano estaría en otro lado... Yo volví a ir a esa casa muchísimos años después, y seguía siendo él solo.

A esa casa le decían "La Trinchera".

No, el Indio no era de salir. Salvo alguna escapada a la discoteca Federico V, o a los metegoles de la sala de juegos del colegio Sagrado Corazón, en 8 y 57, el Indio no era de salir.

Estuvo poco en la colimba; se hizo amigo de un cabo que le transó la baja a cambio de un revólver que tenía su hermano. Cayó preso, también, a mediados de los 70; aunque Solari evita hablar del tema, cuentan que fue torturado. Cuando su familia se mudó a Valeria del Mar, aprovechó para *guardarse* y se hizo una casita bien cerca de la de su madre. Ahí se armó otra trinchera. Inexpugnable.

RICKY RODRIGO: Imaginate enero, un calor de cagarse, en Valeria del Mar, vamos con unos amigos a la casa del Indio... Tres de la tarde, un sol terrible, todo el mundo en la playa. Y el Indio estaba encerrado, tomando sol con lámpara, para no ir a la playa. ¡Tenía una lámpara solar en su casa...! Ya le tenía fobia a la gente...

Dice el Indio:

—No quiero que nadie se dé cuenta de nada.

El platense Ricardo *Mono* Cohen, también conocido como Rocambole, uno de los artífices originales de La Cofradía de la Flor Solar, conoció al Indio en 1972 (tal vez en 1973), cuando La Cofradía acababa de dispersarse.

ROCAMBOLE: Me di cuenta de que era un tipo muy inteligente, muy brillante, y empecé a palpar la profundidad de su pensamiento... Por las noches tocábamos la guitarra; el Indio tenía algunos temas propios, tipo balada, y cuando lo escuchamos lo primero que le dijimos fue: "Che, con esa voz así, aguardentosa, ¿por qué no cantás rock?". Era muy baladista; tenía unas baladas que había compuesto creo que en Brasil, pero le decíamos: "Dale, cantá rock".

Y en 1977 se consiguió otra trinchera: una casita en City Bell. Allá se fue a vivir con su nueva novia, Silvia Scampini, detrás de lo que ahora es la bailanta Escándalo y por entonces era la embotelladora de Cunnington.

Hombre de ninguna parte, alternaba la zona de La Plata con Valeria del Mar. Iba y venía. Después sumó viajes a Buenos Aires. Aún hoy, ya recluido en Ituzaingó, vuelve a su viejo barrio en la costa durante alguna semana del verano. Sin embargo, el Indio disfruta imaginándose en Nueva York. "Es mi patria", se ríe. Después de cinco viajes a los Estados Unidos, quedó deslumbrado por los neoyorquinos; le gusta "cómo viven". La Gran Manzana es, hoy, su mejor fruta. No es difícil imaginar por qué: los neoyorquinos no le dan bola a nadie.

RAFA HERNÁNDEZ: En un momento, el Indio te obliga a pensar: "¿Qué tengo yo que ver con este tipo, cuando aparentemente, por cómo se cuenta y se describe o se presenta, es tan ajeno al resto de los humanos?". Siempre te está haciendo guiños, pero son guiños, nada más: de que te quiere, te respeta, le gusta lo que hacés, le parecés divertido... Porque el loco éste se supone que tiene que estar enamorándose día por medio, cambiando de mujeres... Y no es así. Peor aún: sobre el escenario, despertaba en las mujeres fantasías sexuales terribles; yo estaba en camarines y muchas me decían: "¿Cómo me lo puedo coger al Indio?". Yo les contestaba: "¿¡Por qué no me cogés a mí, que estoy disponible, si él disfruta diciéndote que no!?". Jamás lo vi transigiendo en eso, y consideremos que podía irse con "la mejor"... El Indio sale tan pocas veces, y cuando sale tiene tantas ganas de hacer cosas, que parece que explota...

INDIO: Yo disfruto de mi soledad. Soy un tipo bastante lector, estoy suscripto a más de un diario, más de una revista y un montón de cosas, y veo que nos utilizan desde como epígrafes, para abajo de la foto, hasta para titular, todo el tiempo. O sea, los Redondos no funcionamos en una especie de Tupperware del Purgatorio. Eso es lo que nos diferencia de La Cofradía de la Flor Solar.

Otra vez lo mismo. "No tengo nada que ver con La Cofradía".

Indio: Casualmente estos tres que ves acá [Skay, Poli y él, claro] son aquellos que se hicieron cargo de la realidad, donde el viaje de las experiencias no ordinarias podía tener cabida en el exterior y funcionar. Así que yo le debo tanto a La Cofradía como a la biblioteca de mi tía Irma o a mi profesor de judo de los 12 años.

Rocambole: Muchas veces Solari habla de La Cofradía diciendo que él no tiene nada que ver y que no acepta ningún tipo de paternidad; y tiene razón, porque él, en lo personal, no pasó nunca por La Cofradía, no la conoció. Pero lo que él pudo sentir fueron sus efectos, aun sin quererlo, aun sin que él lo denuncie. El hecho es que los Redondos llevaron a cabo pragmáticamente lo que La Cofradía, de alguna manera, soñó. La autogestión es una herencia total; la manera de hacer las cosas; el no importarte los *efectos* de algo, sino *hacerlo*, es evidentemente cofrádico... A veces hacés muchas cosas sin que lo quieras, y a veces llevás la herencia de los genes de tu viejo aun detestándolo. El Indio lleva la impronta de La Plata.

2

EL CAMINO DEL INDIO
O de cómo el Santo Fumador de La Plata
sale del letargo y va a desfilar

Julio Verne (igual que Fabio Zerpa) tenía razón. Se dice que el escritor disfrutaba –o padecía, quién sabe– de "proféticas visiones"; en 1879 publicó en París *Los quinientos millones de la Begun,* un libro donde describía una ciudad imaginaria y utópica, Franceville, diseñada por médicos sanitaristas; estaba cruzada por amplias diagonales y podías encontrar una plaza cada seis cuadras. Sólo tres años después, y a 11 mil kilómetros de distancia, se colocaba la piedra fundamental de una ciudad idéntica; fue otro escritor quien le puso nombre: José Hernández la bautizó La Plata.

Otros dicen que Verne no predijo nada; que Dardo Rocha y Pedro Benoit –diseñadores de la capital bonaerense– lo único que hicieron fue leerse aquel libro y copiar la ciudad. También se dice que Benoit y Verne eran amigos y que, en fin, fue Verne quien le choreó el plano a Benoit para armarse su Franceville. De hecho, en 1898, "como premio a su diseño y sus palacios", Dardo Rocha recibió una medalla en París, de manos de... Julio Verne.

La Plata, *La vuelta al mundo en ochenta días,* el *Viaje al centro de la Tierra,* las *20 mil leguas de viaje submarino...* Viajes fantásticos. No por casualidad, ciento veinte años después el Indio Solari decidiría tomarse el último bondi a donde termina el mundo: Finisterre.

25

Siempre hubo viajes fantásticos en las cabezas platenses. Viajes que cambiaron mundos.

En 1964, Ricardo *Mono* Cohen ingresó en la Escuela de Bellas Artes de La Plata, cuando todavía era Escuela y bastante le faltaba para convertirse en Facultad. Al Mono Cohen también le faltaba bastante para convertirse en Rocambole, artista plástico y diseñador de la imaginería gráfica de los Redondos. En 1964 gobernaba Arturo Illia; a contramano del moroso andar de las tortugas que sus opositores solían desparramar por la Plaza de Mayo de Buenos Aires, existía una suerte de alborotadísima "primavera cultural" en la Argentina. El panorama político incluía a la resistencia peronista, que había sido marginada de las elecciones presidenciales.

La Plata, mientras tanto, seguía disfrutando de su ombligo. A una ciudad universitaria, poblada por estudiantes, no le quedaba otra que tener la cabeza llena de infelices (o felices) ilusiones. Frescura e intelecto despierto.

Cuando, en el verano, los estudiantes suelen volver a sus provincias de origen, a sus países, a sus otras ciudades, La Plata recupera su aire de pueblo. Y extraña. En marzo vuelve el volcán. Durante la década del 60 –casi tanto como ahora–, La Plata era una Babilonia estudiantil en la que se mezclaban jóvenes de toda la Argentina, el Uruguay, Panamá, Perú...

ROCAMBOLE: En los 60 había mucha costumbre de lectura y mucha cultura de bares... mucha *discusión de bares*: a la gente le encantaba llevar un libro al bar e irse a discutir. Horas y horas y vidas pasadas en los bares... Siempre existía la sensación de que quizá podía hacerse algún cambio y desde varios aspectos: políticos, sociales, artísticos, económicos... Dependía de a qué clase de lecturas estabas asociado, o qué clase de películas veías –por lo general eran películas de la nueva ola francesa–; eso formaba diversos cócteles. Me acuerdo del comienzo de la música beat: hoy los metaleros están por un lado, por el otro lado están los pop, por otro lado andan los stones, pero en los 60 todo eso estaba mezclado, éramos todos "hermanos"...

¿Podría hablarse del *hermanismo*? ¿Por qué no? Los 60 fueron la década de los *ismos*: en las facultades y en las casas y en

26

los garajes había maoísmo, trotskismo, peronismo de la resistencia, existencialismo... Y otro *ismo* más: en la librería del Centro de Estudiantes de Bellas Artes se vendía *Contracultura*, la revista de Miguel Grinberg; era uno de los primeros experimentos editoriales del futuro ecólogo y *antropólogo* del rock argentino. Allí figuraba, entre otras novedades, "La revolución invisible", un trabajo del escritor escocés Alexander Trocchi, maestro de Irvine Welsh y hoy autor de culto (David Byrne es uno de sus más grandes admiradores); aquél fue uno de los pocos textos *situacionistas* que llegaron a la Argentina de los años 60. El situacionismo, inspirado tanto por los dadaístas como por los surrealistas, proponía "el arte como arma para subvertir el orden", una "autonomía social ilimitada" y una "autogratificación desenfrenada".

ROCAMBOLE: Era como una especie de neodadaísmo, pero con mayores vinculaciones políticas; o sea: el asunto era *provocar situaciones*, tanto estéticas como políticas. Esos textos empezaron a arder en algunos de nuestros cerebros. Y decidimos organizar una agrupación estudiantil independiente. Por entonces, las agrupaciones estudiantiles eran muchísimas, muy diversas; las que eran eminentemente políticas estaban bancadas por sus respectivos partidos y, claro, resultaban muy fuertes: era muy poderoso el peronismo de la resistencia. Pero nosotros, los independientes, y contra todo pronóstico, ganamos el Centro de Estudiantes en Bellas Artes.

La agrupación tenía consignas muy raras; "esquizo-surrealistas", las llamaban. Nada de política partidaria. Decían, por ejemplo: "La única constante es el cambio". Años más tarde, en 1968, consignas parecidas surgieron en el Mayo francés.

Pero nada dura tanto aquí. En 1966 llegó el golpe de Estado del general Onganía, que se empeñó en atacar específica y sistemáticamente las universidades en general y a los docentes en particular. A mediados de ese mismo año, Onganía decretó la intervención de las universidades nacionales. El 29 de julio la policía reprimió brutalmente a palos a estudiantes y profesores; todo quedó destruido: laboratorios, bibliotecas y hasta una computadora recién comprada, toda una maravilla para la época.

Fue La Noche de los Bastones Largos. Los profesores e investigadores del país empezaron a irse. Habían sido disueltos todos los organismos estudiantiles; los chicos, a la hora de protestar, salían a romper cosas a la calle. Para colmo, el gobierno militar decidió reducir la cantidad de dinero que les daba a las universidades; reventó una huelga estudiantil en Corrientes y la mecha prendió luego en Rosario y en Córdoba. La Plata era un polvorín: "¡Acción, acción, acción, por la liberación!", aullaban los alumnos. "¡Pueblo argentino, la lucha es el camino!" La policía quiso detener una marcha de trescientos estudiantes platenses que iban hacia el comedor universitario (hoy facultad de Odontología). Allí había miles de chicos almorzando, y la montada entró a pegar. Los canas, mientras puteaban a los pibes, les destrozaban los anteojos.

En ese comedor solía pasar horas y horas un grupejo de estudiantes de Nogoyá (tan entrerrianos como el Indio). Algunos estaban en Bellas Artes, otros en Periodismo, otros en Humanidades. Tenían un "conjunto musical". Kubero Díaz, el guitarrista, había compartido con ellos parte de la escuela secundaria, pero el haber largado el colegio en tercer año le negaba, claro, las mieles universitarias que parecían disfrutar sus coprovincianos. De cualquier modo, se había mudado a La Plata para no perderlos de vista.

"Todos mis amigos músicos estudiaban en la Universidad, e iban al comedor universitario. Pero yo no", recuerda Kubero. "Cuando me fui de mi casa en Entre Ríos para radicarme en La Plata, mi viejo me dijo: 'Andá, pero yo no te mando un mango'. Entonces me quedaba en el techo de la casa que alquilábamos, tomando mate y tocando la viola. Lo único que comía era pan duro de la cocina."

A los militares ya les quedaban pocas cosas por clausurar. Pero recordaron una. Y cerraron el comedor universitario.

ROCAMBOLE: El comedor permitía que muchísima gente que venía del interior –e incluso de otras partes de América– pudiera estudiar, porque esa gente llegaba a La Plata directamente sin nada, a vivir como podía, y el comedor les daba la posibilidad de alimentarse. El cierre del comedor obligó a muchos estudiantes a cortar sus estudios e irse. A nosotros, estudiar se nos volvió insostenible, porque el interventor que habían puesto en Bellas Artes, un arquitecto, empezó a hacernos la vida dura. Hoy las facultades están abarrotadas de gente, pero en ese entonces éramos pocos los que estudiábamos Arte; nos conocíamos todos. Cuando también cerraron el Centro de Estudiantes, nos fuimos en masa: la agrupación, prácticamente entera, se retiró, y renunció a seguir estudiando... Pero pensamos algo más ambicioso. Queríamos formar una Facultad o una institución paralela, a la que convocaríamos, para dar clases, a los profesores que habían sido cesanteados. Queríamos abrir otro comedor universitario; y de hecho lo hicimos, pero, bueno..., el viejo comedor universitario les daba de comer a seis mil estudiantes... A nosotros nos cedieron un local en un sindicato de Correos, y les dábamos de comer a cien alumnos de Bellas Artes. Íbamos a manguear a los mercados, nos llevábamos las verduras que estaban un poco más pasadas...

Cargaban todo en un jeep y preparaban las comidas. Consiguieron dar algunas clases con profesores "vedados". Para eso, claro, tuvieron que alquilar una casa. Y allí fueron a vivir chicas y muchachos juntos. Muy escandaloso. Procaz. Sospechoso. Terrrrrible. Había nacido la comunidad de La Cofradía de la Flor Solar.

En la casa de 41 y 13 vivían el guitarrista Kubero Díaz; la escenógrafa Isabel Vivanco y su hermana Ercilia, artista plástica; el bajista Morci Requena; el guitarrista Quique Gornatti; el baterista Manija Paz; los músicos y artesanos Néstor Paul y Adán Quieto; el músico, antropólogo y luthier Hugo *Pascua* García; una bocha de artesanos variopintos: Fito Pazienza, la Negri Gómez, el Negro Hugo, Raquel Maidana, Marta Pedemonte, Mónica Benítez... Y la periodista Meneca Hikis, y el filósofo Enrique García, y el escritor Aarón Salvador Kalèkin. Algunos músicos eran también poetas, como Néstor Candy. Había una danzarina: Ana Dabracchio. Ana Barreda hacía fotos y cine. Luis y Anita Creus: él era fotógrafo; ella, actriz. Y ahí estaba, claro, Ricardo *Mono* Cohen, manager y artista plástico: Rocambole.

La casa desbordaba de amigos que iban de visita: el violinista Jorge Pinchevsky, por ejemplo. La artesana Carmen *Poli* Castro, también. Sí, esa Poli.

POLI: Era un estar juntos, nomás, los descarriados, los solos... Estar juntos y buscar a otros descarriaditos. Había los que andaban por el existencialismo, los que empezaban a formar comunidades, los que agarraban por el lado religioso... Había esperanza.

También entraban y salían de la casa el escenógrafo Abel Facello, los chicos de Manal (Alejandro Medina, Claudio Gabis y Javier Martínez), el teósofo Javier Lizardi. Y Luis Alberto Spinetta. Y Miguel Cantilo. Y Billy Bond. Y los músicos de Vox Dei.

POLI: Para esa época, el Mono empezó a jugar con el personaje de Rocambole, el ídolo romántico de las sirvientas, que siempre era otro en las cuarenta novelas que se escribieron sobre él. Era una especie de Robin Hood de la lacra social; Raúl González Tuñón hablaba de él. Pero... es difícil explicar todo aquello del comienzo: es algo que quiero mucho y puede malinterpretarse. Sabemos cómo se usaron muchas actitudes sanas, honestas, pacíficas, para matar gente. Bueno, acá no había nada *raro*, nada misterioso: eran intentos por encontrar caminos alternativos de autosubsistencia. Intentos a partir de la solidaridad. Pero las cosas se distorsionaron tanto que hoy hablás de solidaridad y te miran como si fueses un pescado. Había mucho amor en toda esa manga de delirantes que no hacían otra cosa que buscar una familia. Una familia para los malucos, una búsqueda pacífica, donde la música expresaba la alegría de encontrarse. Se iba tomando conciencia y se les exigía a los demás desde el propio ejemplo. Hubo muchas comunidades de todo tipo. A finales de los 60, La Plata era una bola gigante de gente que iba y venía por los caminos más diversos...

Nadie tenía plata. Pero todos sabían hacer cosas. Los habitantes de la casa armaron un taller de serigrafía que realizó toda clase de carteles y afiches para espectáculos de la ciudad. Se organizó un servicio de "decoración" para bares o comercios. Aprovecharon los equipos que tenían para ofrecer sonido a shows de otros. Y organizaron un taller de artesanías.

ROCAMBOLE: Ahí nomás nos animamos a lo que hoy es la artesanía urbana; sobre todo el trabajo en metal y en cuero. Prácticamente "inventamos" la artesanía urbana. Esa artesanía que aún hoy puebla las plazas surgió en La Cofradía.

El Indio, poco después, aprendió de lo que La Cofradía había inventado. En las calles 7 y 47 había una vivienda viejísima; Rocambole y su gente alquilaron un sector e inauguraron la primera feria de artesanías.

FENTON: El Indio tenía un puestito. Ahí hacía reparaciones, y había traído un invento del Brasil... ¿viste "los Ojos de Dios"?... Bueno, él había inventado uno que era el Culo del Diablo. Y lo vendía ahí. Y un día cayó una mina con una moneda mexicana, una moneda arruinada, que quería que se la limpiaran; era valiosa, de oro. Y el Indio le dijo: "Sí, yo trabajo en metales". Y la llevamos a La Trinchera, en 41, y la pusimos en ácido, y nos fumamos un porro... y nos olvidamos de la moneda. Al día siguiente era una cosa desastrosa; lo que había que hacer era sacarle la pátina, nada más, pero nosotros la habíamos dejado toda la noche en el ácido. La moneda tenía un águila que, claro, había desaparecido... ¡y entonces el Indio... le dibujó el águila! Cuando se la devolvió, la mina, azorada, miraba la moneda, no entendía... ¡Y encima el Indio le cobró porque le dijo que tuvo que hacerle "un trabajo de restauración"!

La señora hizo un gran esfuerzo para no llorar. Pero lloró.

Los músicos de la casa cofrádica también habían encontrado una forma de ganar algo de dinero. Eran hábiles y adaptables, por lo que hacían frecuentes *cambios* en las orquestas populares que solían tocar en bailes y cabarets de La Plata; cuando algún integrante de una orquesta se enfermaba, o no aparecía, alguno de los chicos lo reemplazaba para cobrar unos pesos. Pero La Cofradía de la Flor Solar era, esencialmente, una banda de rock. Y cantaba en castellano, (casi) toda una novedad.

ROCAMBOLE: Lo que pensábamos era muy claro: había mucha gente preocupada por cambiar el mundo desde el plano político y desde el plano de las luchas sociales, pero nosotros también

31

queríamos cambiarlo desde el punto de vista estético. Empezamos por nuestras ropas, luego decoramos la casa y la pintamos de todos colores: psicodélica. Otra de las propuestas fue: "¿Qué tal si unimos la poesía a la música?"; nos pareció que aquello de cantar poesía en castellano y mezclarla con el rock & roll era invento nuestro, pero en la radio comenzaban a sonar Los Gatos, por ejemplo. La idea de la música fue la que más prosperó, porque eran muchos los músicos que había dentro de La Cofradía. De todos modos, hicimos muchas otras cosas: emprendimientos teatrales, culturales, plásticos, o lo que fuere... Además, tuvimos que pensar y organizarnos para vivir, para bancar esa exposición...

La mayoría de los platenses los miraba con simpatía. La policía todavía no tenía pesadillas con que los cofrades pudieran ser "la semilla del desorden". El barrio aceptó a La Cofradía y a sus integrantes, y si bien la convivencia de chicos y chicas sin estado civil definido les resultaba a sus vecinos un pecado algo difícil de aceptar, les llevaban comida y regalos. En la casa se escuchaba música todo el día; era un hogar abierto, lleno de sonidos y gente estrafalaria.

Nadie los llamaba hippies, por entonces. Menos todavía en La Plata. Nadie de La Cofradía le había puesto a su experimento un nombre, como no fuera el de *cofrades*. Más aún: no tenían la menor idea de que existieran los hippies.

Pero las señoras de La Plata se dieron cuenta enseguida de que hay más cosas, Horacio, entre el Cielo y la Tierra, de las que sus filosofías podían entender.

Un día inolvidable, desde San Francisco llegó por primera vez a La Plata un *hippie verdadero*. Era un yogui sudafricano que venía caminando desde los Estados Unidos, o al menos eso aseguraba. Rocambole y la gente de La Cofradía lo conocieron como "el Hermano John". El Hermano les enseñó una serie de ejercicios corporales que, según Poli, los "recarajeaban". Era un muchacho muy alto, y solía vestirse con una túnica de la cabeza a los pies. Llevaba el pelo muy largo, y tenía barba.

ROCAMBOLE: Tenía un aspecto de Cristo muy impresionante; era muy parecido a las estampitas... Y el Hermano John un día

32

quiso conocer la Catedral de La Plata. Apenas empezó a subir las escaleras, las señoras que iban a misa se arrodillaron, lagrimeando... ¡Creían estar viendo a Jesús!

El Indio siempre dice que no tiene nada que ver con La Cofradía. Repite:

–Muchas veces se escribe que los Redondos son una especie de desprendimiento de La Cofradía de la Flor Solar y no es así. Lo que pasa es que La Plata es una ciudad chica y los que estábamos en eso por aquella época no éramos tantos. Entonces había una relación con La Cofradía y con lo que después fueron Los Perros de la Costa, con Pinchevsky, con Kubero, con Tzocneh, pero no hay como un germen o una secuencia que vos puedas seguir. Es más, yo creo que de lo que estamos hablando con los Redondos es un poco cuando nos venimos a la Capital, que es cuando empieza a pasar algo. Lo otro era más como un grupo de amigos...

Ese grupo había comenzado a conocerse en una calle de la ciudad, a la que llamaban "La Vía Véneto"; era una cuadra entera, con bares y mesitas en la vereda. Ahí se juntaban todos: los músicos de los cabarets, las prostitutas, los poetas, los artistas, los pintores. Se autodenominaban "los monstruos". Cuando leían *En el camino*, de Jack Kerouac, solían decir: "Ésos somos nosotros". Rocambole y Pinchevsky. Y Poli.

Pero entonces fue cuando prendió la mecha del Sur.

Un reportero de la revista *Pelo* –toda una rareza, esa revista, para la prensa *antirrock* de la época– había escuchado y visitado La Cofradía, y había vuelto a Buenos Aires con los ojos como dos sombreros mexicanos. Enseguida, publicó un artículo de considerables dimensiones titulado "La mecha del Sur". Ninguna Patagonia. Ningún Bolsón. Ninguna Ushuaia. El Sur era La Plata. Todo un punto cardinal para tantas diagonales.

Un día, dos platenses llegaron desde el Nordeste. Eran Guillermo y Skay.

Guillermo (El Boss), Eduardo (Skay) y Daniel Beilinson son hijos de Aarón Beilinson, magnate de la construcción platense.

Una vez, durante un viaje de la familia a Sudáfrica, en el barco se organizó un concurso para amenizar la travesía; cada quien podía mostrar sus habilidades y Eduardo, de 15 años, tocó en su guitarra dos canciones: una de los Beatles y otra de Peter, Paul & Mary. Se ganó un viaje a España.

Sus padres no se animaron a mandarlo solo, y le ofrecieron que esperara un año y con Guillermo, que estudiaba antropología, se embarcara rumbo a París; Guillermo soñaba con la posibilidad de hacer un curso con el sexagenario antropólogo Claude Lévi-Strauss.

SKAY BEILINSON: Caímos en París en 1968, y era un hervidero, se estaba produciendo un cambio en toda una generación. La historia recuerda simplemente el Mayo francés, pero nosotros llegamos en noviembre, fuimos a vivir al Barrio Latino y había manifestaciones todo el tiempo; se tomaba el barrio por una o dos horas, entraba la policía y había corridas. En una de esas manifestaciones, la policía me partió la cabeza de un palazo y mi hermano y yo terminamos presos. Nos dijeron que nos teníamos que ir de Francia y nos fuimos a Londres, donde estaba mi otro hermano, Daniel, que ya se había conectado con un montón de hippies de todo el mundo. Era algo increíble, París ya me había partido la cabeza, pero cuando llegué a Londres me terminó de explotar. Para mí fue un quiebre, una manera de empezar a entender la vida desde otro lugar.

Entre otras maneras de entender la vida, vio a Jimi Hendrix en vivo en el Royal Albert Hall de Londres. Y a Free. Y a Soft Machine. A Family, a Donovan, a T. Rex... Sus padres, preocupados por la amenaza psicodélica que acechaba a su prole, les pidieron que volvieran. Eduardo y Guillermo volvieron, pero con una colección impresionante de discos, equipos Marshall, una guitarra Gretsch, un distorsionador y un pedal wah-wah.

Apenas Skay pisó nuevamente La Plata, le tocó el timbre a su viejo amigo, el tecladista Bernardo Rubaja. Con Bernardo, el baterista Isa Portugheis y el guitarrista Topo D'Aloisio, formaron la banda Diplodocum Red & Brown. Skay prefirió tocar el bajo, cuenta, "porque como guitarrista era bastante maleta"... Y se encontró con La Cofradía. Enseguida empezaron a organizar recitales en conjunto; un día, Luis Alberto Spinetta y Alejandro Medina subieron a uno de esos escenarios y se tropezaron con los equipos Marshall, que los miraban de frente. "¡¿Qué es esto, acá en La Plata?!", bramó Spinetta, infartado. "¿¡Estamos en Londres?!"

Skay: Cuando volví de Inglaterra, me contaron que había un grupo de músicos viviendo en una comunidad en La Plata. Y para mí fue toda una novedad descubrir que aquí estaba pasando algo tan parecido a lo que había visto en Londres, pero con sus propias características. Cuando los conocí les mostré el distorsionador y el wah-wah: enloquecieron, era la primera vez que veían uno. Yo tenía 17 años y aún estaba intentando terminar el secundario, pero no lo conseguí. No por ser mal alumno, sino porque me parecía mucho más interesante lo que estaba pasando afuera; dentro del colegio me estaba perdiendo la vida. En La Cofradía, en un momento armamos un trío de guitarras acústicas con Morci Requena y Kubero Díaz, tipo Crosby, Stills & Nash. Cuando ellos grabaron el disco, en 1971 [ya tenían un simple, "Sombra fugaz por la ciudad", de 1969], la idea era grabar también un par de temas con esta formación. Pero al final los tiempos no dieron; terminé metiendo palmas en "Quiero ser una luciérnaga", y no recuerdo si algún coro...

El viernes 5 de noviembre de 1969, las dos mayores fuerzas rockeras de La Plata se reunieron; la organización El Cucurucho Colmado de Flores presentó a La Cofradía y a Diplodocum en un mismo escenario: el del teatro Ópera (58 y 11). Skay había puesto sus cuerdas en ambas bandas. Esa noche, Poli conoció a Skay.

Skay: Nos fuimos a vivir juntos a una especie de terreno baldío, con mucha otra gente.

Poli: Y después, en el 70, nos fuimos de ahí con Skay y otros cinco. Nos fuimos para la costa, para Gesell, Valeria, y de ahí encaramos para Tandil; finalmente recalamos en Pigüé, a orillas de un río, en el medio de un campo. Los muchachos hicieron una choza y ahí vivíamos. Ellos salían a cazar con arco y flecha, y los lugareños nos regalaron una vaca que nunca pudimos ordeñar. Lo único que comprábamos era aceite y harina, pero Skay tenía siete kilos más que ahora... Cortaban leña sin hacha. Un día nos invitaron a un asado en el campo de un amigo del padre de Skay y se pudrió todo. Nosotros charlábamos con los peones, les hablábamos de nuestra experiencia, de la solidaridad, de cómo así nos sentíamos todos dueños de todo y ¡zas! los peones se le dieron vuelta al patrón, le fueron a decir que todo era de todos, porque ellos lo trabajaban... A los pocos días vinieron varios autos y médicos con el papá de Skay, nos acusaron de neurosis mística, y nos llevaron de vuelta a La Plata. Los tipos se rompían la cabeza, pero al final nos dejaron porque no nos podían separar... no podíamos dormir separados: si faltaba uno, los otros no pegábamos un ojo. Tres años vivimos así, juntos. En Tolosa tuvimos una casa con álamos plateados que llamamos La Casa de la Luna [en 526 entre 6 y 7]. Los vecinos no lo podían creer. Todo muy místico, muy ritual. Quemar, escuchar música, cantar; se hacía en conjunto, reunidos, no cada uno por su lado. Pero no todo era místico solamente: también era racionalizar; leíamos una barbaridad. Formamos una empresa para cambiar al hombre a través de lo estético y nos autoabastecimos siempre. Skay y los otros laburaban como descosidos: hacían jardines, arreglaban electrodomésticos, trabajaban en supermercados. Mi rol fue siempre el de reunir y nutrir, agrupar. Siempre intenté que el hombre no esté solo: sufre mucho.

Mientras Poli, la fanática de Piazzolla, cantaba tangos, Skay ya era ducho en el difícil arte de cuerear vizcachas. "Por eso, siempre digo que todo este asunto de la independencia y la autogestión viene, casi, desde siempre", dice Skay.

La Casa de la Luna era, podría decirse, más "orientalista" que la casa de La Cofradía. Pero existían en simultáneo. Cuando algún cofrade se peleaba con el resto, "se iba al exilio"; el "exilio" era La Casa de la Luna. Y, al revés, cada tanto caía a la casa de La Cofradía algún "exiliado" de La Casa de la Luna. Siempre había comida para todos.

ROCAMBOLE: La Casa de la Luna había sido construida por una pareja que estudiaba cinematografía en Bellas Artes; era una vivienda bastante original y moderna, con todas las paredes de vidrio. Muchos chicos del Centro de Estudiantes, entre ellos yo,

36

fuimos a ayudarles a poner el techo... En aquel entonces nos gustaba llamarnos *grupos de trabajo*. Pero después, cuando vinieron los *grupos de tareas*, decidimos olvidar ese nombre.

Tanta música y tantos ensayos llamaban a más música y más curiosos y más ensayos. Pronto, La Plata vio crecer un entusiasta ramillete de grupos beat, que ensayaban en la casa de La Cofradía. A la hora de hacer un festival, se pensó en grande. Los animaban los celos que sintieron al enterarse del maratón de Woodstock, en 1969; enseguida se organizó un festival en el club Atenas de La Plata, que duró treinta horas y presentó a todos los artistas beat que había en la Argentina en ese momento. Estuvieron Moris, Miguel Abuelo, Vox Dei, Manal, Almendra, Arco Iris, todos; más todos los grupos de La Plata; más La Cofradía de la Flor Solar, Diplodocum Red & Brown, Dulcemembriyo... Se sabía que Woodstock había durado tres días. Pero en Woodstock habían descansado durante la noche. ¡Acá, minga! Fueron treinta horas *corridas*, durante las cuales nunca dejó de haber un grupo sobre el escenario. Debajo, cinco mil personas.

Ninguna policía.

El buen talante de los hombres de azul no iba a durar demasiado. Si bien la Bonaerense se había acostumbrado un poco a los pelilargos cofrades, cada vez que La Cofradía viajaba a Buenos Aires –para dar un show, para grabar– se comía una pelada capilar a cargo de la Federal. Bastaba que los músicos bajaran del tren en Constitución, cargando los instrumentos, para quedar al rape; se metían en el estudio de grabación con la pelambre a cero, esquilados a máquina. Y un tanto machucados: una noche de comisaría incluía maltrato, humillación y varias pateaduras.

La Cofradía había sentado sus bases tanto en La Plata como en Mar del Plata, donde tenía algunos buenos amigos. Un día de verano de 1972 la policía *reventó* la casa marplatense donde paraban algunos cofrades. Buscaba droga. Por suerte, quienes habían dormido ahí eran del grupo de los "reaccionarios", los que renegaban de la marihuana porque, decían, disminuía el rendimiento de las labores grupales. La policía revisó todo, no encontró nada, y el comisario, a quien apodaban El Lobo, le dijo a Rocambole: "Yo no voy a movilizar cinco patrulleros sin encontrar nada. Yo le voy a decir cómo es la cosa". Trajeron un testigo, levantaron un colchón y dejaron una bolsa de marihuana.

ROCAMBOLE: Éramos seis o siete personas, había hombres, mujeres, y bebés. Pero no nos llevaron *detenidos*: nos llevaron a una especie de subcomisaría, más allá del Faro. Nos metieron en calabozos microscópicos y estuvimos *desaparecidos* durante cinco días. Hasta que, gracias a la familia del dueño de la casa, pintó un abogado que nos sacó. Pero al parecer la cosa no había sido tan casual, porque simultáneamente reventaron la casa de La Cofradía en La Plata. Allí había quedado Morci Requena: se lo llevaron al Parque Pereyra Iraola, lo desnudaron y lo cagaron a trompadas y le dieron el mensaje: "La Cofradía no tiene que existir más, ya sabés". Salimos en todos los diarios marplatenses, con titulares como LA CASA DEL PLACER CARNAL. UN BARBUDO PARA CADA CHICA Y UNA CHICA PARA CADA BARBUDO. Todo lo llevaron a una connotación de fiestas negras... La información llegó a los diarios de La Plata; nuestras familias se pusieron como locas, se angustiaron mucho. Por suerte, apareció el gallego García, uno de los principales gurúes y habitantes de La Casa de la Luna. Él lo tomó muy naturalmente. Dijo: "Bueno, es una oportunidad para meditar".

La Cofradía de la Flor Solar terminó, devastada por la policía. Era febrero de 1972. La experiencia había durado cinco años. Los cofrades, aplastados por el acoso insostenible de los uniformados, fueron a parar a casas de amigos, a otros grupos, a otras ciudades, a otros países. Algunos, junto a Miguel Cantilo, se mudaron a El Bolsón; otros viajaron al Brasil –como El Pascua, que se fue al Amazonas–; Rocambole se instaló en Mar del Plata y fundó ferias de artesanos, otros iniciaron comunidades en Entre Ríos. Pero su propósito más claro fue mostrar el rock nacional en Europa; en algún lado donde lo recibieran mejor.

Un día, Ricardo *El Flaco* Legna se sacó la lotería de Entre Ríos y junto a Morci Requena viajó a Londres para conseguir una casa capaz de albergar al resto de la tropa. No sólo consiguieron casa; mostrando unas cintas y el disco de La Cofradía, también contactaron al sello Virgin y hasta a Peter Grant, el manager de Led Zeppelin. Evaluaron la posibilidad de grabar en Inglaterra. Mandaron los pasajes a sus amigos, y algunos ex miembros de La Cofradía partieron hacia Londres: Jorge Pinchevsky, Kubero, Paul, sus mujeres, sus hijos.

ROCAMBOLE: A Jorge se le ocurrió ocultar algo de marihuana. ¿Dónde? En su violín. Lo primero que hicieron los guardias, en la Aduana londinense, fue revisar el violín. Y a Jorge lo deportaron a Holanda. A la sazón, Morci y El Flaco Legna habían decorado una gran casa para recibir a los visitantes: la habían llenado de colchones, habían comprado instrumentos y equipos, y esperaban impacientes. Entonces llegó un auto de Scotland Yard. Les preguntaron: "¿Ustedes están esperando una gente?"; ellos contestaron: "Sí, llegan hoy o mañana". "Bueno", siguió la policía, "ellos no vienen y ustedes están detenidos". Y los deportaron a ellos también. Y ahí quedó la casa. Y todo ese plan maravilloso, por el cual, a lo mejor, hoy La Cofradía sería un clásico mundial...

En Holanda, los deportados comenzaron una nueva aventura: una banda de narcotraficantes casi los mató. Rápido: ¡huir a París! En París se encontraron con Miguel Abuelo y armaron un grupo con el ingenioso nombre de La Cofradía de la Flor Solar y Miguel Abuelo. Luego de algunos shows parisienses, se largaron a España y desde allí le mandaron una carta a Miguel Cantilo, quien estaba en Colombia con un lindo laburo: los miembros de una comunidad de narcos le habían pagado una suma en dólares a cambio de que tocara para ellos en la selva. Apenas leyó la carta, Miguel largó todo y se embarcó para España con su mujer, sus hijos, el perro y el loro. La banda tocó y tocó en los festivales organizados por el Partido Comunista español; a los comunistas les fascinaba una vieja tonada cofrádica: "Imperialismo espacial".

La misma que el Indio empezó a cantar con los Redondos pocos años después:

En cuanto a ti, hombre blanco,
Bufón criminal, intoxicado animal:
Saca ese pesado culo de metal de acá. Y muérete temprano.
Y vuélvete a Urano ¡ya! Y arranca de una vez, virus criminal
Intoxicado animal sexual.
Bandas de terrestres, nativos de acá
Acechan tus agallas para devorar. Y muérete temprano.
Y vuélvete a Urano ¡ya! Imperialismo espacial
En el intento solar. Y muérete temprano.
Y vuélvete a Urano ¡ya!

La canción fue grabada en Inglaterra por un grupo local. "Dio la vuelta al mundo, ese tema", exagera Rocambole.

Un mal día, la banda se peleó. Pero Isa Portugheis –que había conseguido un contrato para tocar en hoteles haciendo música *light* "internacional" y necesitaba músicos para presentarse con cierta prolijidad– reunió a la tribu dispersa: Morci Requena fue traído desde Marruecos, y todos fueron hasta Ibiza a buscar a Miguel Cantilo, a Kubero y a otros errantes. Llegaron en un auto desvencijado a la vivienda humildísima de Miguel, plantada en medio de una villa miseria ibiceña, y apenas pusieron un pie en tierra escucharon una terrible explosión.

ROCAMBOLE: Del ranchito salió Miguel con los pelos quemados, como en los dibujos animados… Apareció con un calentador a garrafa y lo tiró al piso: le había explotado justo en la cara. El tema es que era la única comida que tenía para darle a su familia, y se le había arruinado. Fue entonces que los chicos le dijeron: "Tenemos un contrato para tocar".

Tan bien les fue que, años más tarde, Miguel Cantilo, reuniendo aquellos "restos cofrádicos" y sumándoles algún músico español, volvió a la Argentina comandando su propio grupo: Punch.

Las vueltas que dan la vida y La Cofradía.

¿Y el Indio? ¿Se acuerdan de la frase "Yo le debo tanto a La Cofradía como a la biblioteca de mi tía Irma o a mi profesor de judo de los 12 años"? Skay no parece estar tan seguro.

SKAY: Los Redondos no aparecieron por casualidad. Ya en la

primera época de los Redondos éramos una parte Diplodocum y otra parte gente de la experiencia comunitaria de La Cofradía de la que veníamos con Poli, donde también habían estado Guillermo, Fenton y Cecilia Elías, del ballet ricotero. No desembocamos en los Redondos por casualidad: éramos un grupo de gente que veníamos de curtir mucha historia juntos.

Algunos terminaron esa historia antes de tiempo.

Antes de darles punto final a las andanzas de La Cofradía, no puede faltar el Pascua:

ROCAMBOLE: El Pascua García era un extraordinario guitarrista, tan bueno como Kubero, pero tenía otra habilidad: era luthier. La Cofradía había comenzado con elementos muy precarios y, a lo largo de su historia, utilizó en gran parte instrumentos construidos por Pascua: eran instrumentos eléctricos, buenísimos. Una de las cosas que más admiró la gente de Almendra, cuando nos conoció, fueron esos instrumentos hechos a mano...

El Pascua García murió cosido a flechazos.

ROCAMBOLE: El Pascua tenía aspecto de indio y siempre quiso ser un indio; admiraba la cultura india, tenía todo del indigenismo, y era un artesano de primera. Su sueño era irse a vivir al Amazonas con una tribu, porque él se consideraba un verdadero indio. Viajó al Brasil, se fue a vivir a una comunidad indígena y vivió una vida de indio; bajaba a San Pablo los días de feria y vendía flautas e instrumentos que construía a la manera de la cultura india, parecidos a los sikus. Era una especie de antropólogo de campo que quería revivir, por sí mismo, la propia cultura aborigen. Pero, en algún momento, algo anduvo mal con los indios. Pascua se emparejó con una chica indígena y tuvo un hijo. Y lo encontraron al Pascua atravesado por flechas en medio de la selva y con el nene, que tendría unos 3 años, en brazos y a salvo. Tiempo después, la madre del Pascua hizo muchísimas gestiones y al final logró traer desde el Brasil a su nieto, que hoy debe ser un muchacho de veintitantos años, seguramente un muchacho fashion. O quizás un chico pop. O un *yuppie*... Quién sabe si no es un *yuppie*.

3

LO SUAVE
O de cómo los buenos volvieron y están rodando cine de terror

—Agarrar la cámara y salir.

Las palabras mágicas. No hablar de cine: *hacer* cine.

—Ensuciarse las manos. Agarrar la cámara y salir.

Ésta no es la primera vez que el Indio se mete a filmar. Pero ahora, con su amigo Guillermo Beilinson, es otra cosa; el Boss sí que sabe. El Indio se acuerda de aquella vez, hace años, con aquel otro amigo, Hugo Vélez; Hugo tenía plata, más plata que el resto de la barra, y se había comprado una cámara 8 mm. Un lujo. El Indio y Hugo se habían entusiasmado: "¡Hagamos un cortometraje sobre los pordioseros de La Plata!". Y allá fueron, a seguir a los cirujas.

—Ensuciarse las manos. Agarrar la cámara y salir.

Un día, cerca de la estación de trenes, la que queda en 1 y 44, encontraron a un grupo de vagabundos en un descampado entre las vías; matorral de gente rodeado por marañas de rieles.

INDIO: Era un lugar abierto, que supongo sería para desviar algún vagón o hacer arreglos de qué sé yo qué… Se amontonaron ahí un montón de cirujas. Y eran las 3 de la tarde, un sol terrible, y estaban torrando todos ahí como unas focas. Esta cámara hacía un poco de ruido y se empezaron a despertar. Estaban todos borrachos, y entonces les dijimos que éramos de Canal 2, creo. Los tipos tenían un pedo que no veían… Quedó la

43

filmación del Mago Chichipío. Se llamaba Plácido Miguel Malbídez, había sido cabo de la policía o no sé qué mierda. Y se ve que en algún momento se había ganado la vida en los parques de diversiones que había en aquella época. Él decía que era el gran Mago Chichipío, y tenía en la comisura de la boca una callosidad. Y para hacernos una prueba se clavó ahí un alfiler, que por supuesto se ensartó en cualquier otro lado y empezó a chorrear sangre. Entonces, el tipo estaba chorreando sangre frente a la cámara, con cara de "no pasa nada". Y se despertó otro viejito en pedo, y cuando escuchó que había algún mambo agarró un diario y lo prendió fuego y se lo pasaba por el brazo. Quedó como una cosa de [el director Werner] Herzog. Rarísima. Y me acuerdo de que yo lo veía fascinado, porque quedaba como una especie de "nuevo cine alemán"; un tipo todo transpirado que se metía un alfiler, que empezaba a sangrar, e intentaba disimular. No había sonido, por supuesto. Y un viejito que se asomaba atrás, empezaba a aparecer en cámara, prendía un diario, se lo pasaba por el brazo y decía "no pasa nada, no pasa nada...".

Lo del Boss iba a ser otra cosa: cine en serio. Iba a pasar algo.

Fenton: La primera vez que Guillermo fue a la casa del Indio, fue conmigo; yo al Indio ya lo conocía. Me acuerdo que fuimos a comer unos panqueques, con un colorante azul que el Indio había descubierto para las comidas. Y entonces comimos unos panqueques azules... Después, hasta que se terminó el colorante, hasta el puchero que hacía el Indio era azul...

Quique Peñas: El Indio tenía una vida interior, leía, le gustaba escribir. En 1976, con un cuento original suyo, se hizo la película *Ciclo de cielo sobre viento*; en base a ese cuento, él y Guillermo hicieron un guión y lo filmaron.

Y se metieron tanto el uno en el otro que construyeron un único nombre y apellido: Norman (por Norman Mailer) Oyermo Indigui. Así firmaban sus obras: mejor que Guillermoindio, y mucho mejor que Indioguillermo: Oyermoindigui.

"En La Plata esto empezó como una cultura minoritaria", explica Solari. *"Si te gustan las minorías, bienvenido,* ése era un poco el lema. Más allá de que fueras un poco más o menos hippie, un poco más de lo urbano, un poco más pincheto, un poco más fasito, un poco más de lo que carajo fueras..."

¿Y qué mejor minoría que una minoría bajo tierra?

–Imaginate, Guillermo –el Indio, a los 27, está entusiasmado como un adolescente–. El planeta Tierra fue destruido por un... un ataque nuclear generalizado. La superficie del mundo fue absolutamente depredada por la industria y sólo queda una masa de gases informes e irrespirables. ¿Adónde van los humanos sobrevivientes?

–¿Adónde van?

–Se van a vivir a *subdades.*

–Subdades –Guillermo se rasca la nariz.

–Sí, las subdades son ciudades subterráneas, con una organización muy rígida. En vez de *ciudadanos* se llaman *subdanos* y se transportan en unos vehículos que se llaman *subterros,* y comen una comida que se llama *gómugo...* ·

¡Qué comida asquerosa! El gómugo era como una gelatina violeta, inmunda. ¡Qué vida de mierda! Cada subdad está obligada a una actividad establecida: producir cierto elemento necesario para la subsistencia. Una subdad produce vestimenta; otra subdad se encarga de la comida; otra, de los medios de transporte. Y la sociedad se ha estratificado al punto de que los habitantes carecen de personalidades: los nombres de la gente tienen que ver con sus edades, el lugar donde viven y el trabajo que cumplen.

–Por ejemplo –dice el Indio– el personaje central de la historia se llama O-MV 30 Masc: "O", porque vive en la subdad Oeste; "MV", porque trabaja en "Mantenimiento-Volatilización"; "30", por los años que tiene, y "Masc" porque es varón, "masculino"...

–Es de ciencia-ficción –dice Guillermo.

–Es de ciencia-ficción, sí. Pero, bueno, el tipo va rompiendo con todo eso y hace un camino de iluminación y de liberación, y se reencuentra con otra dimensión... ¡consigue salir de esa sociedad...!

—Vamos a escribir el guión y vamos a hacer esa película.

El Indio se levanta y da una vuelta alrededor de la silla. Se acuerda de George Orwell, pero no dice nada.

RICKY RODRIGO: Los sets de filmación estaban en el sótano del lugar donde yo vivía, el Pasaje Rodrigo. Creo que a partir de *Ciclo de cielo sobre viento* terminaron naciendo los Redondos.

El abuelo español de Ricky y Basilio Rodrigo pergeñó el Pasaje Rodrigo como una galería comercial de notable belleza arquitectónica. Inaugurada en 1928, con la presencia de autoridades del gobierno provincial, la construcción (una galería con dos entradas, a calle 51 y 50, entre 5 y 6) incluía veinte locales en la planta baja y ocho departamentos señoriales en los dos pisos superiores. La idea nació de algunas edificaciones similares que existen en la Avenida de Mayo de Buenos Aires (por ejemplo, el Pasaje Barolo). De estilo art nouveau, es una de las últimas construcciones de hierro de la ciudad de La Plata, ya que por esa época comenzaron a utilizarse las primeras estructuras de hormigón. Entre sus varias rarezas arquitectónicas figura una serie de vitreaux traídos de Francia, que representan la Industria y el Comercio. La galería albergó numerosas propuestas: fue sede de bancos, cervecerías y hasta de una boîte, El Teclado, y en los últimos años se han realizado allí fiestas electrónicas y muestras de arte.

Pero en 1976 también sirvió de escondite.

RICKY: Por la puerta de mi casa pasaban los tanques; por las noches, La Plata era tiros, bombas. Y yo era un delirante que andaba por la calle solo, chico, tarde, a cualquier hora. Era jodido; igual, yo era bastante inconsciente. Los demás eran más grandes y eran intelectuales. Donde yo vivía, adentro de la galería... ¿viste los departamentos que había arriba?, ahí había un departamento en el que vivían estudiantes. Un día viene mi viejo y me dice: "Ricardo, encerrate en una habitación, no le abras a nadie", y luego supe que mi papá metió a dos chabones estudiantes, montoneros, en un tanque gigante, una cisterna grande de agua que hay en el sótano. Yo estaba en mi cuarto, metido debajo de la cama, cuando escucho corridas, gente que bajaba o subía las escaleras de mi casa... Luego de un rato de silencio, siento unos golpecitos, *toc toc toc*, en la puerta de la habitación donde estaba escondido, y escucho la voz de un chico que pide: "Patricia... Patricia... abrime...". Patricia es mi hermana, que en esa época estudiaba profesorado de Historia en la Universidad Nacional de La Plata; era compañera de los que vivían en la pensión de al lado... Yo no abrí la puerta. Por mucho tiempo me maldije: no supe si a ese chico lo habían matado. En febrero de 2004 me encontré en Mar del Plata con el hermano de uno de los muchachos que vivían en la pensión, y me contó que ninguno había sido *chupado*, así que mi conciencia se tranquilizó, al menos por ese "Patricia" al que no respondí en su momento. Pero esto puede dar una idea de cómo se vivía entonces...

Hoy, el Pasaje Rodrigo no funciona comercialmente debido a un conflicto judicial entre varios miembros de la familia. Uno de esos miembros, el chico Basilio Rodrigo, era amigo de los hermanos Skay y Guillermo Beilinson, así que en 1976 Rodrigo padre permitió que en el sótano y en unos locales que estaban desocupados se armaran los sets de la película.

RICKY: Yo tenía 15 años, era mucho más pibe que el resto. Y en esa película hice un papel de extra. Me acuerdo el plano: era la puerta del *subterro*, que era como un subterráneo –era ésta, la reja del Pasaje Rodrigo–, y se abría la puerta y pasaba una serie de *seres*; uno de esos seres era yo, con un traje de amianto negro y medio brilloso, de pies a cabeza, parecido a una pollera grande. Me acuerdo de que pesaba como tres mil toneladas, y yo andaba caminando con eso. Y había uno que tenía que abrir la puerta del *subterro* y cerrar la puerta apenas pasaban los seres. Pero este tipo, Quique, el que tenía que abrir y cerrar la puerta, estaba mamado y no la cerraba. Le empezaron a decir "Quique Compuerta", porque la función del tipo era abrir y cerrar la puerta y nunca la pegaba, había que hacer la toma de nuevo...

El nombre de *Ciclo de cielo sobre viento* surgió del I-Ching, el libro de las mutaciones. Cielo sobre viento. *Lo suave*, según los chinos. Habla, claro, de una mutación. Y ahí estaban los rebeldes en las ciudades subterráneas, los que pensaban que "tiene que haber algo arriba, en la superficie, en la luz".

RICKY: Tiene mucho que ver con la época de la represión: la gente metida adentro, encerrada... yo pienso que viene por ese lado. En un momento de la película, hay un par de *subdanos* que logran salir. De esa parte me acuerdo las imágenes: se filmó en Valeria del Mar, donde el Indio vivía por épocas; él iba y venía de Valeria a La Plata. Así es que estos *subdanos* logran salir afuera y resulta que salen en Valeria del Mar en primavera, entre los médanos, en los bosques, el viento... todo *zona de vida*. Y es todo re-hippón, hay una fogata... en esa parte de la fogata me parece que está mi hermano Basilio. Se escucha una música, que fue la música que después se grabó en el sótano del Pasaje Rodrigo. Tocaban Skay, Guillermo, y no me acuerdo quién más. El final de la película básicamente es ése: los rebeldes salen afuera, al exterior, y se dan cuenta de que el mundo no estaba tan devastado, *había* un mundo. Hoy parece súper simple, pero en esa época no se podía hablar, no se podía decir nada; sobre todo si se pretendía hacer algo que la gente después lo fuera a ver...

La gente lo fue a ver. Un artesano del grupo de amigos había armado El Club del Bucle, una suerte de centro cultural clandestino, a puertas cerradas. Las fiestas, los bailes, la proyección de películas, las conferencias, las charlas literarias... todo era bien venido, pero en secreto. Quien recibía la invitación, podía ingresar. Los demás, no. Ahí se vieron las películas del Boss: *Ciclo de cielo sobre viento* y también *Horizontes verticales*, una serie desquiciada aunque concebida con toda seriedad profesional.

ROCAMBOLE: Recuerdo una película que protagonizó el Indio, que se llamaba *Celos*; con música de un antiguo cantante norteamericano, "el cantante de la voz de acero" (¿Bob Carlisle?). El personaje del Indio era como una especie de *voyeur*, y había una chica, y un tipo que la celaba... era una cosa muy surrealista. Las películas del Boss solían ser mediometrajes, duraban media hora; o más, a veces. *Ciclo de cielo sobre viento* es una superproducción, un largometraje, y *Horizontes verticales* era una serie, en episodios; si te la ponías a ver entera, era larguísima, duraba como cinco horas. El argumento giraba alrededor de un profesor, un profesor alemán, algo así. En realidad, el que escribía las partes desopilantes era Quique Peñas; él es el autor de los dibujos de los primeros videos de animación de los Redondos, como el del Puticlub; es un tipo muy cómico... Lógicamente, debe de haber partes compartidas con Guillermo y con el Indio, pero el gracioso era Quique Peñas. Y hacía un personaje importante en *Horizontes verticales*: él era ese profesor alemán, que tenía una sobrina; esta sobrina finalmente era un robot; y llegaban en dirigible a Montevideo, en una época tipo posguerra, y pasaba de todo...

QUIQUE PEÑAS: Yo alguna vez he ayudado a hacer alguna cosa, sí... Alguna vez, también, me subí al escenario con Sergio Martínez [el Mufercho]. Hacíamos el personaje que luego se desarrolló en la película con Guillermo: era una especie de profesor transilvánico, envuelto en un tapado negro, con un gorro de piel, que llevaba unas alitas de vampiro hechas con una carpeta negra. Me acuerdo de que nos subíamos al escenario y yo lo llevaba en una silla de ruedas a Sergio, vestido de tirolés, con un bigotito "hitleriano", y hablábamos del mito de la raza inferior. Yo lo colocaba a él en el escenario, lo dejaba ahí, después él tomaba el micrófono y, una vez que tomaba el micrófono, sálvese quien pueda...

Ciclo de cielo sobre viento. Ahí empieza todo. Con un largometraje.

INDIO: Es largometraje porque como el negocio no es programarse para participar dentro de cierto circuito, entonces lo que querés es divertirte. Entonces, cuando más gente interviene y si hay unos que hacen decorados y dura más tiempo y aprendés a filmar, y aprendés a iluminar, mejor. Y al final te queda un producto que de pronto no interesa ya porque no lo hiciste con ese objetivo. Esto no quiere decir que el día de mañana no te lo propongan y de eso hagas una recreación o una alternativa de la lectura cinematográfica diferente, que es un poco lo que se intenta: si no me lo van a pagar por este lado, voy a tratar de cobrarlo en experiencia y hacer algún tipo de cosa que no es muy común. Entonces uno, al participar de la misma necesidad, filma por necesidad, porque le gusta, porque sabe de cine y porque también tiene la comodidad, que es un poco la comodidad con la que veníamos nosotros trabajando, de tener un grupo de amigos que tiene distintas necesidades de expresarse y que cuajaron con esto de los Redondos, en la creencia de que mejor es estimularlo al público o tirarle alguna cosa para que recree desde distintos puntos de vista, porque se supone que es gente apta para recrear sonido, imagen, todo. Yo tengo esa pretensión del público de rock, después la realidad no sé muy bien cómo es, porque yo salgo muy poco.

Bernardo Rubaja, también amigo de los Beilinson, decidió poner todos sus equipos para armar un estudio de grabación en el sótano de –otra vez– el Pasaje Rodrigo. Le hizo una "pecera", lo acustizó. Un chiche.

RICKY: Cuando se terminó de filmar la película, Guillermo y Bernardo Rubaja alquilaron formalmente un local del Pasaje Rodrigo para poner un estudio, bastante profesional para la época, bastante a todo trapo, para hacer y grabar la banda de sonido. Y en ese estudio se empezó a juntar gente a tocar. Ahí yo era una especie de cadete que traía el agua para el mate, o la birra cuando hacía más calor. Ahí lo conocí al Indio. Y bueno, primero se hizo la banda de sonido de *Ciclo de cielo sobre viento*, donde él participaba de una manera tangencial... los temas más bien los hacían Skay o Rubaja; el Indio era sólo el autor del libro de la película.

SKAY: Incluso yo actúo... Guillermo me propuso que hiciéramos algo para la música y nos juntamos toda una banda de desaforados en el sótano que había conseguido Basilio Rodrigo. Bernardo tenía un grabador y yo dirigía desde la guitarra. Ahí encontré un poco mi rol como guitarrista, en función de banda. Nos divertíamos muchísimo, un poco haciendo la música de la película, y otro poco tocando rocanroles. Así terminó formándose un grupo que luego desembocaría en los Redondos...

El estudio era el mimado del barrio. Y de los chicos. Los ocasionales transeúntes llegaban a sus casas con el pelo erizado: el estudio estaba acustizado, sí, pero Bernardo había puesto una salida al exterior con un extractor, para que adentro del sótano hubiera aire suficientemente limpio. Por ese agujero, que daba a la galería, se filtraban –y ensordecían– sonidos sorprendentes. "Mariposa Pontiac" y "El blues del noticiero", por ejemplo.

BASILIO: El estudio se alquilaba por horas y muchos se escandalizaban, sobre todo por el *personal* que circulaba por ahí. Y... éramos mucha gente. En un principio grabó Federico [Moura]; un día grabó por la mañana y me acuerdo que estaba re-caliente porque decía que era imposible cantar a la mañana. Tenía razón.

Para filmar *Ciclo de cielo sobre viento* (y para grabar una banda de sonido que daría origen a otra banda, la más poderosa de la historia del rock argentino), era necesario contar con dinero. ¿De dónde sacar la plata?

FENTON: El Indio laburaba como artesano, hasta que empezamos con la película, y había que buscar una manera de financiarla. Entonces Guillermo fundó lo que se llamó el taller El Mercurio, una estampería de telas. Hacíamos también confección de prendas. Después, con el tiempo, Rocambole abrió un negocio que se llamaba Indra, que fue la boca de expendio de todas las prendas que hacíamos. Ahí en el taller, entre 1976 y 1977, estábamos Sergio [el Mufercho], Guillermo, el Indio y yo, todo el tiempo juntos, hablando de los proyectos. Hacíamos buena guita. Y en el estudio de grabación de la Galería Rodrigo empezamos a grabar con la banda.

MUFERCHO: El taller El Mercurio fue una empresa cuyo patrón era Guillermo, el hermano de Skay, y una parte la tenía la mujer de Guillermo. El taller estaba cerca de la parada de La Lucila, en City Bell, en el Camino General Belgrano, en la calle Sarmiento, ahora es 493 bis. Originariamente trabajaban Pepe Fenton y Elio López Torres. Pero el Indio llegó después y se incorporó. El Indio estaba en la costa, en Valeria, y quería venir a instalarse acá pero no tenía trabajo, así que Guillermo le ofreció trabajar en el taller.

Igual, el Indio iba y venía. Valeria del Mar era especial. El Indio había hecho su casita con caña, madera de por ahí, juncos, totora... Los que lo vieron cuentan que era un rancho alucinante, muy bonito... Hermético, bien hermético.

–No quiero que nadie se dé cuenta de nada.

Chiflaba fuerte y salía, a veces descalzo, a la playa semi-salvaje; lo seguían Saturno y Nambulú, ladrando igual de fuerte. Después, todavía más tarde, mientras en el tocadiscos sonaba el wah-wah de Zappa, se tiraba en el colchoncito a leer libros de cómics, de ciencia-ficción, de Kerouac, de Merton, de Ferlinghetti, de Corso, de Dylan. Y escribía, cuando quería. Y pintaba. En Valeria los vecinos eran dispares. Leopoldo Marechal era vecino, por ejemplo. Chunchuna Villafañe, también.

INDIO: A Leopoldo lo he cargado bastante. Yo le gritaba: "Cuídese de mí, Leopoldo, cuídese de mí". Estaba con Elbiamor, su mujer; iban de visita a un drugstore. Valeria era un lugar muy loco.

CLAUDIO KLEIMAN: El Indio siempre estaba rodeado de perros, convivía con perros, y ése es un tema muy recurrente en su poesía, tanto en lo real como en lo simbólico: los perros. Nambulú... El otro... Eran dos perros raza perro, más bien grandes. Todas las noches tomábamos mucho vino y, al día siguiente, salíamos a trotar con los perros para quemar un poco las grasas, cosa de poder seguir bebiendo a la noche siguiente.

Un día se fue de campamento.

BASILIO RODRIGO: Fue antes de los Redonditos, en el verano del 76, cuando yo laburaba en Pinamar y el Indio vivía en Valeria. Terminó la temporada y yo terminé de trabajar. Y andaba por ahí una banda que se llamaba Los Derviches Voladores, una mezcla de La Cofradía, La Pesada del Rock and Roll y Manal; y en esa banda se movía un grupo enorme de gente. Todos estaban en carpas. Entonces decidimos hacer como un retiro, veinte o treinta personas, y nos fuimos a un lugar a diez kilómetros de Villa Gesell, en el que ahora hay un balneario pero en esa época no había nada.

Estuvieron quince días comiendo únicamente "cosas naturales". Y haciendo zapadas infernales.

BASILIO: Al Indio le habían regalado una túnica azul con estrellas, y de repente, por arriba de un médano, lo veías aparecer con la túnica. Era como una especie de Merlín de Valeria del Mar. Ésa es una imagen que tengo del Indio: como Merlín en la noche. El Indio cantaba con muchas ganas y te dabas cuenta de que lo hacía con poquísimos elementos de conocimiento. Incluso él mismo te lo decía: "Yo no sé ni cómo se llama este tono"; pero con dos tonos podía armar una canción.

Cuando lo visitaban en Valeria sus amigos platenses, el Indio sacaba a relucir su técnica de grabación primitiva: demos con grabadores de casete. Grabada una viola y la voz, reproducía la cinta, y encima le ponía otra voz, otra cosita de viola, y las grababa en *otro* grabador a casete; así se hizo "Rock del país". Después, el Indio y sus amigos pasaban horas, horas y horas caminando todos juntos en la soledad.

RICKY: Yo veraneaba siempre en Valeria. En esa época el Indio trabajaba en una casa de jueguitos electrónicos. ¡Y yo creo que eso lo ha influido en su música! Porque "los ruiditos", siempre me decía... ¡pin! ¡fiúuu! ¡páum! Estaba enloquecido, porque tenía que pasar *horas* ahí. Yo le compré unas fichas. Para verlo un rato y cagarme de risa.

Eso no prosperó. Tampoco prosperó su trabajo como administrador de un pequeño hotelito en la playa: el hotel Alex. La punta de la sisa estaba en el taller de estampado.

MUFERCHO: El taller El Mercurio era una cosa extraña. A todos se les pagaba un sueldo, pero a mí me pagaban con lo que se llama *taylorismo*, que es la forma más espantosa de explotación del capitalista: "les pago por pieza". El Indio y Elio estampaban...

Cuando comenzó la decadencia de la política de Martínez de Hoz, el taller El Mercurio dejó de ser redituable. Pero había cumplido su función de subsistencia. El Indio enseguida buscó otra cosa para hacer.

MUFERCHO: El Indio es un tipo muy ambicioso y con las ideas bien claras. Quizá sea por su origen social. El viejo del Indio sacaba fotos en la playa. Era gente bien, pero humilde; tenían que laburarla. Mi viejo era *boga* y siempre había [dinero], entonces a la plata no le dábamos bola; pero el Indio sí le daba bola.

Mientras el Indio estampaba, Skay seguía en La Plata, dedicando todo su tiempo a trabajar en la música de las películas de su hermano, el Boss.

ROCAMBOLE: Guillermo tenía la capacidad de decirle a la gente: "Vení a trabajar". Era su magnetismo, o un don de líder o de organizador. Alrededor de Guillermo Beilinson siempre había movidas culturales de todo tipo, ya sea la filmación de una película, o la organización de un recital, o alguna *situación* que no se sabía si era un recital o qué. Yo siempre estaba cerca, incluso cuando se hicieron películas que entremezclaban la animación con la fotografía real; yo colaboraba en pintar algunos fondos, cosas así. Esas *situaciones* empezaron a concentrarse en el teatro Lozano; esas especies de *deformidades*, porque no eran nada concreto. Skay trabajaba mucho para hacer la música original para la película, entonces reunía músicos que ensayaban en el Pasaje Rodrigo y, a partir de ahí, también tocaban en el teatro Lozano. En un momento dado, ya estaba la cosa hecha, y no se sabía cómo parar.

"Sí", asegura Skay. "Aquel grupo que ensayaba en el sótano la música para la película se transformó en Patricio Rey".

4

EL ASTRONAUTA ITALIANO
O de cómo, preso de tu ilusión, vas a bailar

Radiante, la chica sale al superpoblado escenario del teatro Lozano, frente a una multitud de tipos que aúllan y patean el suelo. Tiene puesto un vestido blanco con botones enormes, un bonete en la cabeza, y lleva una gallina blanca en brazos; mueve las caderas, da unos pasos, y se cae de punta en la puerta trampa del borde, que está abierta. Totalmente descalabrada, va hundiéndose en el hueco, patas para arriba. Adiós, Mónica Berna. ¿Quién carajo dejó abierto eso? El Indio quiere tragar saliva, pero tiene la boca muy seca. La gallina está en shock. Cecilia Elías, la piba de 18 años a la que le compusieron el tema "Solita", vestida como Carmen Miranda, se pone a reír tan fuerte que las bananas y ananás en su sombrero empiezan a oscilar. Susana, la mujer de José María Aguirre, disfrazada de egipcia, se contonea para distraer a la muchedumbre. Como una exhalación, una figura desolada surge desde el fondo y esquiva a la veintena de *dancers*, actores y músicos que se amontonan en el escenario; su misión de rescate tiene un componente emocional: es el Mufercho, presentador de la débâcle y, además, el novio de la señorita desaparecida en el agujero. Más vale que la banda se ponga a tocar de nuevo.

El Indio sigue sin poder tragar saliva; no importa: Guillermo Beilinson se pelea con Iche Gómez por el micrófono; uno de los dos, tampoco importa cuál, empieza a cantar. Skay trata de ordenar el quilombo. Todos salen al frente, a los ponchazos: Fenton en el bajo, Beto Verne se cuelga una viola, Ricky Rodrigo enchufa el violín. Basilio, su hermano, arranca con un tema suyo: "El supersport". ¡Y ahí sube otra vez ese Quique Compuertas, el cargoso! Quique, completamente quemado del cerebro, se pone a molestar a los músicos y las bailarinas.

–¿Querés hacer algo? ¿Querés hacer algo, Quique? –Poli arde–. ¡Bueno, agarrá alguna puerta! ¡Cerrala y abrila! ¡Cerrala y abrila!

Ahí va el tipo, a cerrar y abrir la puerta del costado del escenario.

Carlitos Pinchevskito, el hermano menor de Jorge Pinchevsky, tiene 17 años o poco más. Sube, toca tambores, es un desastre abominable. Sale de escena gracias a los codazos de un pintor anónimo que acaba de treparse al escenario y baila, habla y grita. Los petardos que tenían que explotar no explotan. Empiezan a incendiarse cosas. La Urraca y El Ñandú se esconden.

–¡Y éste es el "Blues del Pollo"! –grita Basilio.

La idea es que las gallinas que compraron en la feria comiencen a danzar en escena. Pero alguien les ató las patas (¡!). Las *fucking* gallinas están inmóviles, con estúpida expresión avícola, ahí paradas sobre el escenario.

–¿Qué hacemos? ¡Estas gallinas no se mueven!

–¡Tiralas, tiralas!

La novia del Mufercho sigue pataleando en el hueco. Las gallinas se desparraman, soltando plumas, sobre la multitud.

El Indio agarra el micrófono. Está ronco.

ROCAMBOLE: En los Lozanazos el Indio pelaba una voz muy extraña, que le costaba sus dolores de garganta. Era difícil cantar un rato seguido impostando esa voz. Después fue perfeccionándose; indudablemente, tuvo que aprender a cantar para poder manejar eso. Pero se exigía mucho. Aparecía con ese enterito, tipo overol. Se lo conocía como El Astronauta Italiano. El que ponía muchos nombres era el Mufercho: Mufercho es brillante, tenía una fantástica capacidad de poner apodos... Y ahí cantaba cualquiera: Guillermo Beilinson, El Docente [el Doce, Edgardo Gaudini] que cocinaba los redonditos... Cantaban Fenton,

Basilio Rodrigo... Todo era un caos donde por ahí se destacaba cierta organización cuando aparecía Skay con algún tema armado, pero después todo seguía en zapadas que podían durar horas. Blues, rock & roll, música hindú... a Skay le gustaba mucho la música psicodélica, siempre le gustó; él añora esas zapadas en las que se ponían a tocar el sitar... Todavía no había una distribución de roles muy organizada. En el teatro Lozano se hacían como "encuentros", donde todo el mundo iba y tocaba. Pero no era que vos organizabas un *happening*: era que alquilabas el teatro y de repente venía uno, tocaba; aparecía el grupo Ataúd [banda platense de heavy metal cuyo baterista era un jovencísimo Marcelo Montolivo]; decoraban todo con velas, y después subía otro, se subía alguien del público al escenario y pelaba un instrumento, y tocaba... Y generalmente todo terminaba en grandes barahúndas; o sea: eso era el germen de Patricio Rey, una cosa informe, sin dirección. Era 1977. Y era un aquelarre: cantaban unos, tocaban otros, se mezclaban todos...

Eran los mismos que solían juntarse en el estudio del Pasaje Rodrigo. Cualquiera, es decir. Alguno traía una idea y los demás la iban *trabajando*; ése era el método. El Indio estaba acostumbrado a manotear la guitarra española y, con cuatro tonos, "hacer" una canción; después era menester pasarle la idea a Skay, o a alguno que tocara en serio, para que le diera más forma. Así salieron "El blues del noticiero", "Superlógico"...

Fenton: Por ahí venía Skay y tiraba un tema, o el Indio una letra. No había una situación de liderazgo notoria. Al que más respetábamos era a Skay; era el que nos organizaba. Es más: en el escenario él usaba un pito para avisar en los cortes.

El teatro Lozano (en la calle 11, entre 45 y 46) pertenece a la Asociación de Empleados del Hipódromo de La Plata. Hoy su estructura –colonial, bonita– sigue intacta, pero el local se alquila como salón de fiestas y del techo pende una bola de espejos gigante que hace treinta años, con la turbamulta boyando arriba y abajo del escenario, no habría sobrevivido ni un nanosegundo. A fines de los 70, en cada festichola del Lozano, trescientas o cuatrocientas personas se colgaban del telón de terciopelo bordó oscuro y zapateaban las butaquitas tapizadas con brocado. Habían llegado hasta allí porque, como la historia de la banda fue demostrando a lo largo de los años, todo lugar siempre es chico.

POLI: Éramos tantos en las casas, tanta cantidad de gente en una fiesta, otra fiesta… y tuvimos que alquilar un lugar, porque en la casa de Fulano era un quilombo; ¿en mi casa?, ni loca… Era un despelote, era *demasiada* gente…

El pedo era regla general, y era absoluto.

POLI: La entrada era "Poné algo". Y esa plata se destinaba a comprar vino. La gente que entraba, todos amigos, iban directamente para el fondo, donde estaban las damajuanas. ¿Comida? No había comida. Solamente los redonditos de ricota que hacía el Doce… Todos estaban borrachos, o en porro –en esa época nadie tomaba cocaína–, pero no era cosa de andar vomitando en los rincones, porque todos esos *elementos* se utilizaban de otra forma. Habría algún tarado, pero no siempre, porque la droga no se vendía. Ponían el paquete ahí, y todo el mundo agarraba si quería. Nadie fumaba como un idiota. Por eso estaban las escuelas de pensamiento, que tenían mucha incidencia en esa cuestión. Muchos las seguían para tener un control y un conocimiento en ese estado, para saber por dónde ir, no para andar por ahí como imbéciles. Muchos estaban en esas escuelas, o leían, o…

El escenario parece a punto de venirse abajo por tanto peso, malambo y candombe.

POLI: Yo nunca subí al escenario. Subía únicamente cuando a alguno ya no lo podían bajar y estaban desesperados de que entrara en una locura, entonces yo subía y le mostraba "cosas", lo *señalizaba* para que saliera de ahí… Porque ya era el colmo… Los shows del Lozano terminaban cuando los músicos y la gente no daban más; no había horarios. Se terminaban cuando venía la gente del teatro y nos decía: "¡Fuera, fuera de aquí!". Empezaban como a las 9 de la noche y duraban como hasta las 3 de la mañana. Nunca se sabía lo que iba a pasar.

Al Indio le gusta no saber qué va a pasar. Cree que la vida de un rocker es como *la vida de un sueño*. Sabe que no se mueve "binariamente" con opciones. "Las cosas van sucediendo." "Yo no programo mi vida", dice el Indio. "Necesito que la vida me sorprenda, que pase a través de mí. Lo que sí creo es que intento estar en un estado de alerta, que para cuando se abra la vida ante mis ojos, no esté dormido y anestesiado y como un imbécil perderme los ricos premios que tiene la vida para darme."

MUFERCHO: La idea básica era la fiesta. Esta banda tenía como sentido demostrar que se podía vivir frente a la dictadura, que había vida *antes* de la muerte... La idea era que la gente podía reflejarse en un pequeño espejo de libertad, y en esa época los tipos entraban en el Lozano y se encontraban con el Docente disfrazado de sultán, acompañado por unos trolos pintados de colores, pero *bien* pintados, con bolsas llenas de los redonditos de ricota auténticos... El Docente era un cocinero excepcional... Eso, en el medio de la muerte y la masacre. Que no las ignorábamos de ninguna manera, porque éramos tipos con cierta instrucción; sabíamos lo que estaba pasando, y no éramos pibes...

En uno de estos Lozanazos tocó Luis María. Guillermo Beilinson debe de tener la filmación de esa noche. Seguro que la tiene. Tal vez sea la del show que llamaron *Planetas*, esa obra conceptual musical en la que estaban Migoya y Néstor Madrid y Skay y otra gente (demasiada, demasiada gente). O quizá haya tocado en uno de los Lozanazos propiamente dichos, poco después. Luis María Canosa, se acuerda el Indio, era un chico rubio, angelical, muy delicado de facciones, de pelo largo; sí, Luis de Dulcemembriyo, el que le había presentado a Déborah. Luis había andado medio de novio con una de las hermanas de los Rodrigo y después había viajado a Europa con Moura y un primo de los Rodrigo: Fernando Bustillo. Cuando volvieron, Luis no estaba bien. Lo internaron en una clínica psiquiátrica de La Plata; ¿cuántos electroshocks recibió?, ¿trece?, ¿catorce? Luis quedó mal. Se casó con una chica que se llamaba Claudia. Igual seguía tocando, *tranquilo*, siempre todo muy *tranquilo*; no formaba parte de un grupo: tocaba más bien con la guitarra, él solo. Le gustaba mucho Neil Young. Tenía esa onda, o más o menos. Después, el Indio y todos los demás le perdieron el rastro.

RICKY RODRIGO: Después supe qué fue lo que le pasó: Luis vivía con Claudia en Buenos Aires, los metieron presos, y él fue a parar a la cárcel de Devoto...

Luis María murió durante un motín, brutalmente reprimido por los guardias. "Se lo llevaron por un faso y lo entregaron muerto", dice Rocambole.

El Indio repite en su cabeza, ahora:

Te tenemos allí,
abandonado allí,
preso como un animal (como un animal feroz).
Así las cosas, la fiera más fiera ¿dónde está?
El toxi-taxi viene y va
y tu sombra va detrás
de hordas de notables
con los secretos para hacer
un negocio tan pequeño y simple como vos.
Un toque por si las moscas van
y otro toque por si vas detrás,
ya no hay tiempo de lamentos,
ya no hay más.
Un sueño con Luis María
muerto cuando me decía:
"Cada día veo menos, cada día veo menos,
cada día veo menos,
creo,
menos mal".

En el Lozano, esta noche, la novia del Mufercho sigue pataleando en la puerta trampa del escenario. Una asociación defensora de los derechos de los animales comienza a planear una demanda formal por el maltrato a las gallinas. De pronto, entran unos hombres con ametralladoras. Policías o militares; nadie presta atención a la diferencia.

MUFERCHO: Y Fenton y yo, en ácido, le metimos los dedos

dentro de la ametralladora a uno de los tipos, diciéndole: "Yo a vos te conozco". Y los tipos se miraron, no sabían si dispararnos... El Docente tiraba buñuelos, los trolos cantaban. Derrotamos a la dictadura, ese día. Y después, como siempre, apareció una botella de champagne pagada por los que tenían plata; yo, o quien fuera, hacíamos la *aspersión democrática*: abríamos el champagne y se lo vaciábamos encima a todo el público, en nombre de la democracia.

Un día, surgió la posibilidad de ir a Salta. Skay y Poli, que estaban viviendo allí y plantaban árboles, hicieron el contacto. Durante los primeros Lozanazos, la multitudinaria tropa carecía de nombre. Pero ahora debían bautizarse de prepo. Si no, ¿qué dirían los afiches? Había que encontrar cómo llamarse, y de apuro.

Dice una voz popular que los "redonditos de ricota" del Doce habían surgido de la receta de una ecónoma llamada Patricia Rey. Pero...

MUFERCHO: Cuando laburábamos en El Mercurio, el taller de estampado, en el bies de las prendas había que poner papel de diarios o revistas, y ahí cayó una revista de *Clarín* con la receta de Blanca Cotta de los redonditos de ricota. Estábamos el Indio, yo, Fenton, Guillermo, Elio... Y uno de nosotros dijo (no me acuerdo quién): "Imaginate que vos te llamás Patricio Rey y sus Redonditos de Ricota". Ése es el verdadero origen del nombre.

POLI: Hay muchas versiones, pero no son ciertas. El nombre surgió... solo. Dijimos: "Che, vamos a ponernos un nombre para ir a Salta, y bueno, vamos a poner... ponele cualquiera. Vamos a poner a alguien que sea como nuestro padrino". En esa época no había ideas: había acción. Todavía no teníamos ideología; la estábamos haciendo.

Una noche de enero de 1978, desde la misma puerta del teatro Lozano, un ejército con nuevo nombre y dado vuelta se subió a un micro alquilado y se fue a Salta.

ROCAMBOLE: Hay una anécdota que dice que yo, para pagar una deuda, alquilé el micro. Esa anécdota es falsa, pero ha circulado muchas veces. Lo cierto es que yo le había encargado una enorme cantidad de tela estampada al taller que Guillermo Beilinson tenía con el Indio, Fenton y el Mufercho; usé la tela para tapizar el techo de mi negocio de ropa hindú de La Plata. De ahí se dedujo que puse el micro para saldar esa plata... Pero no es cierto.

El Indio, a pesar de la hora, no para de hablar. El destino del viaje es la capital salteña. El boliche: El Polaco.

QUIQUE PEÑAS: Yo viajé en esa gira mágica y misteriosa. Hay que recordar que nos divertíamos mucho, que estas reuniones musicales no eran reuniones de músicos profesionales sino *celebraciones*; el grupo se juntaba una vez por año y era todo un acontecimiento. Ricky también viajó, Fenton... Era una especie de *road movie* de Patricio Rey, en bondi, en un bondi con olor a bolas, porque no había muchas chicas...

"Con Patricio Rey no se cogía nunca, Poli les tenía prohibido a todos, a todo el mundo, salvo al Indio...", se resiente el Mufercho. Y los choferes... Dos ursos. Uno se llamaba "El Ruben". Y el micro tenía, según el Mufercho, "108 metros: era largo como una cuadra". La marca era Volvo, pero al logo se le había caído la L y entonces pasó a llamarse "El Vovo". Salieron de noche, con la idea de que no los agarrara el sol en medio de las salinas. Los agarró igual.

MUFERCHO: El Ruben y el otro eran dos monstruos grandotes. Y nosotros estábamos en un estado lamentable... Había obreros demoliendo los caminos y haciendo caminos nuevos, y se caía la tierra por los costados; de pronto, cuando habíamos pasado las Salinas Grandes, abajo vi el cañadón, a pleno sol. Y los choferes encontraron en ese cañadón unos larguísimos fierros que son para trabajar en montañas, unos caños que tenían como veinte metros, y se bajaron, pararon en un camino que se desbarrancaba, subieron esos caños, se los afanaron... Y arriba, a meterle por ese camino peligrosísimo. Pero como íbamos en ese estado, no nos dábamos cuenta del riesgo. Creo que en el fondo era un poco de esa *religión*, esa idea sesentista de que "o te pasa todo, o no te pasa nada". Yo recuerdo al Indio con su remera color naranja saliendo por una ventanilla, y yo por la otra con un poncho, y Mariño que asomaba su bulto por otra ventanilla... Todo lo que está vinculado a Patricio Rey es absolutamente caótico, loco, enfermizo y querible. Querible, porque era nuestra manera de decirle al horror: "Estamos vivos y somos libres".

A los salteños les dijeron que eran "un grupo de estudiantes de La Plata". Sumaban unos veinte. Apenas llegaron, todos se tiraron en el barro. Poli y Skay tenían una pieza en una pensión en el centro de Salta; con la pareja fueron a parar los hermanos Ricky y Basilio Rodrigo. El resto, a casas de "amigos y conocidos". Ahí iba el Indio, con Fenton y su hermano el Ñandú –tan adolescente como Ricky–, el Doce, el Mufercho, la novia del Indio, y Ricardo Meyer con su esposa y su beba.

Poli: Skay y yo habíamos hecho amigos en Salta. El del Polaco era un pub donde podían entrar cien personas, digamos, y el dueño había dicho que éramos un grupo de universitarios que llegaba desde La Plata. Los chicos empezaron a tocar, y el dueño preguntó: "Pero, ¿qué están tocando?".

Sale el Mufercho a escena:

–Está muy manso Patricio y sus Redonditos de Ricota. Mansengue. Popeye, estás calmo, Popeye... Menos manso. ¡Vamos los Redonditos de Ricota! ¿Qué nos deparan ahora? Todos mansos, pese a lo avanzado de la hora...

El Indio comienza a moverse y a cantar, o algo así.

"La gente no entendía nada", se acuerda el Mufercho. "El tipo se encontró con que había quince personas arriba del escenario, y pensó: '¿Qué es esto?'. Había una tarima, me acuerdo. El dueño pidió: 'Hagan algo de jazz...' porque la gente no entendía ni medio lo que estaban tocando..."

Un momento: hay un pequeño quilombo en escena. El presentador, a quien todo le está causando muchísima gracia, aclara a la misérrima concurrencia:

–Disculpen esta pequeña interferencia producida por la ruptura de dos cuerdas en la guitarra de Skay, pero Patricio Rey y sus Redonditos de Ricota van a hacer un bonito tema del Indio

Solari. Este tema se llama "Tomalo de mi estera"; y ya está saliendo Patricio Rey y sus Redonditos de Ricota. ¡Vamos Patricio!

Toma el ave dormida
Es mi lecho y verás
Gotas de blanca armonía
Amanece y se va
Tomalo de mi estera
Tomalo de mi estera
Y verás:
Que el ave que queda vuela
Vencedora, huyendo de cielos
Que vino a encontrar
Nácar posando en mi lecho
En un sueño más
Tomalo de mi estera
Tomalo de mi estera
Y verás:
Que el ave que queda vuela

El Indio comienza a descreer de sus propias teorías: el espacio físico *no es* estirable. No hay forma de mantener el equilibrio esquivando los mangos de los instrumentos que se le clavan en las costillas ni los palillos de la batería, que en cada redoble le perforan el ojo.

Sigue el Mufercho, apartando músicos a rodillazos.

—¡Los Ricoteros de Patricio están muy entusiasmados!, y les gustaría mucho que el hermoso público que hay esta noche en lo del Polaco saliera a bailar un tema especial que se llama "Solita, déjala solita".

No, no sale a bailar nadie. Con el Indio, retorcido entre cables y brazos ajenos, alcanza.

—Hoy no habrá buñuelos, el Docente está ofendido… —sigue el presentador.

Los salteños no tienen la menor idea de lo que está diciendo.

—Pero no olviden, antes de retirarse, que Patricio Rey, a través de sus Redonditos de Ricota, perderá la forma humana emitiendo ectoplasma. A veces, para comprender o querer comprender, hay que salvar ciertas distancias, y las distancias quieren ser salvadas; y aquí está Patricio Rey con sus Redonditos de Ricota haciendo una especie de swing de los años 50. ¡Patricio Rey tiene un contorno, tiene una forma, pero ahora la va a perder, va a hacer el swing de los años 50...!

Los parroquianos se hunden en su vaso de licor. Mucho ruido, mucho ruido. Y el Mufercho que ahora empieza a aullar:

—¡Los Redonditos de Ricota merodean por el escenario descargando energía! ¡Patricio, desde el Pasaje Rodrigo, de la ciudad de las diagonales, envía sus ondas, qué es lo que deben tocar! ¡Patricio Rey, que quiere ser un *viador* sincero de cierta forma de energía, llamémosle positiva, por hablar de *iva*... pero el *viador* quiere ser sincero y el *viador* es Patricio Rey, es los Redonditos de Ricota, *y todo lo que he invertido* y todo lo que tuvo que invertir, Patricio: su pedrería, sus joyas...!

INDIO: ¿Cuántos kilómetros dijo, Patricio?

MUFERCHO: Patricio Rey... y, creo que 1.600, son. Bueno, discurriendo a través del espinillo santiagueño...

INDIO: Del desierto santiagueño, del calor...

El Indio no puede dejar de reírse. Debajo, todos siguen sin entender nada.

MUFERCHO: ¡Qué calor! ¡Qué calor, mamma mía! ¡Y Patricio dónde está! Es una letra del Indio Solari, no sé si se percibirá, no sé cuál es la fidelidad de esto, creo que es buena. Acá, Carlitos Mariño y Quique se encargan del sonido... Creo que es bueno. Todavía no conocen Salta, de tanto poner cables, soldar cosas, armar, desarmar, hacer fichas con Poxipol... ¿Pero qué es? ¿Qué pasa, Patricio? ¿Todo para qué? Todo para que Patricio Rey y sus Redonditos de Ricota estén en la mañana de Salta, en 1978. ¡El tema es "Maldición", del Indio Solari!

Sé de alguien que obliga en su aventura
A pagar los platos rotos de la gira,
Es el rufián arrepentido de los días
Del único grito que sabía.

Pintan mal las cosas para él, mi viejo, pintan mal...
¡Maldición, va a ser un día hermoso! ¡Maldición!
Sé de alguien que enturbia sus sentidos
Para tener lugar en la balanza
De las brutales risotadas, hemorragias
De la pavada celestial de la avalancha.
Pintan mal las cosas para él, mi viejo, pintan mal...
¡Maldición, va a ser un día hermoso! ¡Maldición!
¡Maldición! ¡Va a ser un día como los demás!

"Los platos rotos de la gira"...

MUFERCHO: El show fue así: éramos bestias humanas, no había ecualización, no había nada... El trencito al final... Hacíamos siempre trencito; era *todos tocando cualquiera*, el Indio gritando como loco, Guillermo tocando el tambor y gritando, y todo el trencito... "El jabón de la pomba yira", cualquier cosa... En el boliche del Polaco, esa noche había un mozo negro, de color, que se quería ir con nosotros, y dos comisarios salteños de aquella época. De pronto, un tipo me agarra en el baño y me dice: "Qué impresionante, nosotros acá en Salta estamos en el año 1700, no puedo creer que esté viviendo esto"... El tipo era profesor de matemática. Y yo le digo: "Nosotros somos unos muchachos que tocamos"... Pero eso no era tocar. Por otro lado, el Polaco, el dueño del boliche, tenía un contrato, no me acuerdo si de hecho, pero Guillermo quería cobrar y peleaba con el Polaco, y el Polaco no quería pagar. En plena dictadura, en Salta, en verano, en enero, Patricio Rey y los Redonditos de Ricota: en el escenario había ocho personas, y tres o cuatro tipos abajo: el matemático que me agarró en el baño, los dos comisarios, tipos de copas de ahí... Y todo sin ecualizar, sonaba como salía...

El Indio durmió un par de horas, desahuciado. Pero había "programa": los anfitriones salteños habían planeado llevarlos hasta Cafayate, a conocer las bodegas. "Lo que pasa es que no había ni calor ni frío", se acuerda el Mufercho. ¿Cómo? "No, ni calor ni frío, no sé...". Bueno, no se acuerda. Basilio, por su parte, nunca veía nada:

66

–Basilio, me parece que algo te falta.

–¡Mis anteojos! ¡¿Dónde están?!

Muferchо: Fuimos a Cafayate en un estado... Ahí cayeron presos Fenton y su hermano, el Ñandú. Todos seguíamos tomando... ya no tomábamos vino: tomábamos una especie de brandy con uvas saliendo de adentro... A la excursión lo llevamos a Vilco Gal; era un croata, diseñador, que compraba objetos en Salta y se los llevaba a Europa. El tipo, sentado en el último asiento, estaba de traje; ¡de traje estaba, el boludo! Nosotros estábamos de poncho y el tipo de traje gris... Nos miraba como diciendo: "¿Volveré?".

Poli: Se fueron a todas las bodegas a tomar vino. Yo me quedé, y cuando volvieron faltaban dos: estaban presos los dos hermanos. Quedaron detenidos en Cafayate. Pasó que se pelearon por un cigarrillo y empezaron a romper los rosales de la plaza: sacaron los palos de las plantas, vino la policía, los agarró y se los llevó. "Dicen que hasta que no se les vaya el pedo, no los largan"; los demás los dejaron en Cafayate y se volvieron. A nadie le importaba mucho... El Ñandú... Siempre estuvo preso, el Ñandú, desde chico. Detestaba estar preso.

Muferchо: Fenton y su hermano habían ido en cana por sacar un rodrigón –es una cosa que apoya los rosales para que no se caigan–, y corría Fenton y le pegaba al Ñandú en la cabeza... Está filmada esa parte: se ve una mano que arranca a Fenton y en la otra mano se ve un palo blanco con la punta roja y al Ñandú cobrando en la espalda. Entonces fueron presos: había que esperar que salieran. Cuando salieron los hermanos Fenton, entonces nos pusimos a esperar que volviera Meyer.

Ricardo Meyer era el primer guitarrista, y tocaba lindo en tiempos en los que Skay todavía no pelaba. Apenas terminó el show de Salta, Ricardo, junto con su esposa y su beba, decidió hacer un viaje relámpago en su camioneta hasta Jujuy, para visitar a su papá. Estaba demasiado cerca como para resistir la tentación.

Tuvieron un accidente. Murieron Ricardo y su esposa. La mujer, en la ruta; Ricardo fue trasladado al Policlínico General San Martín, de la capital bonaerense, y falleció días después. La beba pudo salvarse.

Cuando la banda regresó a La Plata, ya tenía nombre. Y duelo.

BASILIO: Cuando volvimos de Salta hubo un quiebre, ahí: qué hacer. Porque había un techo. Algunos querían hacer una cosa, y otros, otra. Cuando volvimos de Salta, yo ya no participé más del *proyecto redondo*. No me convencía el mensaje final; no es que esté ni bien ni mal: no me enganchaba esa cosa de una crítica constante. Era tal la pálida que se estaba viviendo, la muerte, la impunidad por todos lados, que no me sentía cómodo. Ellos siguieron. Había una muy fuerte relación entre el Indio y Skay, a nivel operatividad. Ellos "tomaban cosas" de las personas que convocaban, como para terminar de *construir* algo... Muchos dicen que el Indio era tímido; para mí, no era tímido en absoluto. Es una persona bastante frontal y aguda. Una persona seria –seria con respecto a todo–, un tipo crítico de lo que estaba pasando, de cómo era la sociedad. El Indio es muy de la tierra. Leía todo tipo de literatura, pero nada místico, de incienso, nada de eso. Muy de la tierra. Porque además venía de una familia sin muchos ingresos, gente de laburo. Yo venía de una clase alta. Esa diferencia se notaba en la relación, pero a la vez era como una propuesta: hay que convivir, o hay que saber tolerarse o entenderse; yo por ahí diría boludeces, pero eso no influía en el cariño que había entre las personas... Al final me fui de los Redondos y enganché con la historia de Marabunta [la banda de Federico Moura previa a Virus], que era lo opuesto: nos poníamos camisas hawaianas y queríamos cantar canciones casi como "Las olas y el viento"... No tanto, porque terminamos haciendo otra cosa, pero la idea era hacer algo divertido, en vez de algo que te euforizara la pálida que estaba sucediendo.

Hubo un par de Lozanazos más, pero, ahora sí, bajo el padrinazgo de Patricio Rey. La misma furia. De nuevo Skay tocando el silbato para que alguien se enterara de cuándo venía el corte. De nuevo el Indio con la voz ronca. Recién estaba acostumbrándose a cantar.

"Era consumidor de arte, era como el centro de su existencia", dice Basilio. De nuevo los disfraces, las danzas, el caos. Eso fue lo que vieron algunos periodistas de Buenos Aires que cayeron a La Plata en la noche indicada. En el número 22 del *Expreso Imaginario* (mayo de 1978), más precisamente en la página 42 del suplemento *Mordisco*, apareció la primera reseña capitalina de un show redondo. La nota, firmada por un atónito Claudio Kleiman, está ilustrada con dos fotos: en una aparece Sergio Martínez, el Mufercho, y el epígrafe reza: "El payaso lee las letras cuidadosamente"; en la otra foto puede verse a Fenton vestido de mosquetero, al Mufercho, al Doce disfrazado de sultán y a dos chicas del ballet ricotero. El epígrafe se jacta: "Algunos de los Redonditos posan para *Mordisco*".

CLAUDIO KLEIMAN: Me impresionó ese recital, me pareció como ver un show de Zappa, una cosa así... No sé cómo el periodista Fernando Basabru había conocido al Doce y éste lo había invitado a La Plata a ver el show... A mí Fernando me había dicho: "Che, voy a ver una banda"; yo le dije "¿Puedo ir?", y fuimos. Y cuando volví de La Plata hice una nota para el *Expreso Imaginario*. Fue la primera nota que se escribió sobre Patricio Rey: mi comentario del recital del Lozano de La Plata. Yo había puesto un título: "Patricio Rey y sus Redonditos de Ricota: vuelve la psicodelia a La Plata". Pero los tiempos que se vivían a fines de los 70, con la dictadura... A Pipo Lernoud y Jorge Pistocchi, directores del *Expreso*, los llamábamos "Castriota y Posetti". Castriota & Posetti era una famosa casa de iluminación que quedaba por la avenida Córdoba, pero el apodo de Castriota venía de *castrar*; ellos leñaban todo. Digamos que se trataba, más bien, de autocensura en épocas del Proceso; me dijeron: "¿Psicodelia? ¿Estás loco? ¿Sabés lo que es *psicodelia*? ¡Sacá eso de psicodelia!". Es algo medio difícil de entender ahora: la palabra psicodelia está relacionada con las drogas y a ellos les pareció una locura... Y la nota salió titulada como "Patricio Rey y sus Redonditos de Ricota", no más...

Así:

El incipiente movimiento de rock platense parece volver a reverdecer viejos laureles. Así parece prenunciarlo la presentación, en el teatro Lozano de La Plata, de Patricio Rey y sus Redonditos de Ricota, una delirante banda de nueve integrantes y multitud de colaboradores, que a fuerza de rock and roll, ingenio y buen humor, parece querer remedar las doradas épocas de la psicodelia.

El recital fue una caja de sorpresas, desde el ingreso de los miembros, saludado por una ovación complementada por el arrojo de papelitos en la mejor tradición futbolera, hasta la insólita vestimenta de los músicos, pasando por la aparición de un payaso que hacía de maestro de ceremonias, un sultán que repartía los auténticos redonditos de ricota entre la concurrencia, y la hilarante intervención de un atrayente "ballet ricotero", que desplegó un número de baile tropical durante el transcurso del... ¿recital? La cosa no termina ahí: hubo más, desde el arrojo de gallinas vivas que provocaron gran confusión en la platea (una de ellas pasó por encima de mi cabeza), hasta el estallido de bombas de humo, y todo un pirotécnico despliegue de recursos.

La música, un rock and roll cuadrado tocado con mucha polenta, parecía la ideal para el clima festivo de la actuación de estos Redonditos de Ricota que van a dar mucho que hablar en el futuro. Los temas despliegan un delirante surrealismo "a la criolla", patentizado en títulos como "Mariposa Pontiac" y "El Hidromedusa".

La nómina más o menos de sus integrantes (en realidad nadie sabe exactamente cuántos son) es la siguiente: Skay Beilinson, Beto Verni y Basilio Rodrigo en guitarras, Fenton (caracterizado como un desopilante mosquetero) en bajo, Bernardo Rubaja en órgano, Chirola en batería, Ventura y el Indio Solari en canto y percusión, Ricky Rodrigo en violín. Entre los colaboradores podemos mencionar a Sergio Martínez como el payaso, y Edgardo como el sultán, más el "ballet ricotero", que cuenta con un número variable de miembros.

Y hay más: los rockeros platenses están preparando una segunda invasión sobre Buenos Aires, que podría materializarse próximamente con la presentación de Patricio Rey y sus Redonditos de Ricota en algún teatro de Capital.

CLAUDIO KLEIMAN: El Doce era una persona muy simple, muy campechana... Y después venía alguien y te contaba la verdad: que El Docente enseñaba matemáticas, física y química y era una verdadera eminencia, cosa que nunca hubieras sospe-

70

chado... Porque era un trolo al que le gustaba disfrazarse, hacer los redonditos de ricota, pasearse entre el público disfrazado de Sultán, con sus efebos, y *loquear* un poco. Llevaba una canasta con buñuelos de ricota, horneados, de forma similar a la de los scons. Era un gordo enorme, lo culinario era su tema. Después de haber estado preso fundó, junto a otros, entre ellos Eugenio Zaffaroni, hoy juez de la Corte Suprema de la Nación, una institución de defensa de los derechos humanos para los presos comunes; el Doce tenía relación con un ambiente muy denso, como es el de los presos, en La Plata... Esa noche, después de aquel Lozanazo, no volví a Buenos Aires; me quedé en La Plata, porque después del show nos fuimos a un bar a chupar y la juerga terminó a una hora ridícula y nos fuimos a dormir a lo del Doce. Yo no sabía que era gay y nadie me lo advirtió; un gigantón, de barba, no te imaginabas ni por puta. Yo era un niño inocente, rubiecito; Basabru durmió en el suelo y a mí el Doce me dio su cama matrimonial y se tiró al lado mío. Yo tendría 22 o 23 años y él era un tipo de 35 o 40... Recuerdo que en medio de la noche yo estaba durmiendo y por ahí sentía como un dedito de su pie que se acercaba, y yo cada vez más a un costado, más acurrucadito... Casi me caí de la cama.

El Doce murió en la madrugada del 2 de febrero de 2002 en su casa de Claypole, a los 59 años. Un amigo suyo, presumiblemente uno de los ex presos a los que estaba vinculado, lo asesinó de veinte puñaladas.

Se sabe: nunca hubiera habido Patricio Rey sin sus redonditos de ricota.

5

LOS OJOS DE DÚRAX LASTIMADOS
O de cómo caen al fin los disfraces, desnudándote

Esta noche es la noche del primer show de Patricio Rey en Buenos Aires. Y el Mufercho se disfrazó de momia. Está de blanco algo sucio, todo duro por los trapos; aunque no se puede mover, le parece fantástico el *look* Akhenatón. Claro, caminar así no es fácil. Fenton y el Ñandú lo cargan y lo llevan en vilo; uno lo agarra de las axilas, el otro de las gambas. Ahí van los tres, como un dolmen viviente, rumbo a los camarines del Centro de Artes y Música. Lástima el pedo infernal de Fenton y el Ñandú.

–¡No, boludo! –gime el Mufercho–. ¡Guarda la puerta!

No lo embocan por el hueco.

–¡Paren, cheeeee, pareeeeen!

Uno de los tobillos queda trancado en el marco. El Mufercho se siente un ariete medieval; cierra los ojos y putea en varios idiomas.

Fenton y el Ñandú lo doblan en cuatro, como una servilleta, y lo introducen de prepo por la puerta. No se diría que lo depositan en el suelo; más bien lo dejan caer, como una birome gigante.

Se le acerca Silvia Fainbloch con su disfraz de Superwoman, y otra bailarina más, y María Isabel Hayworth, y Krisha Bogdan; también, trotando, el Kikí. El Kikí es el *nom de guerre* de Claudia Schwartz, algo así como una sacerdotisa punk llena de pieles, con anteojos estrafalarios: prepara su mímica de canto, y

73

grita. Grita fuerte. El Mufercho, desde el piso, grita todavía más fuerte. Llega Gabriel Jolivet, el otro guitarrista. Llegan Néstor Madrid, Migoya... Hasta Poli y Skay, que viven en Salta, ya están ahí.

El Indio todavía no llegó. Siempre lo mismo.

QUIQUE PEÑAS: Hay que sacarlo del sarcófago. El Indio siempre estaba en un confortable sillón; todas sus casas tenían un confortable sillón, que olía a Hemingway, y a pez espada, y el tipo estaba en sus cosas; inclusive había que ir como a *exhumarlo*, siempre. Entonces venía Skay, con el sol salteño en la sonrisa, y lo ponía en movimiento al hombre...

Monona mira al Mufercho Envuelto y empieza a practicar cómo quedarse en bolas. Esta noche, sobre el escenario, como siempre, Monona piensa desvestirse hasta, precisamente, quedar en bolas. "Una momia", piensa. "Qué buena idea, la de la momia. Mañana, en la segunda función, tal vez."

Pero no, ninguna otra función.

En la puerta del Centro de Artes y Música, Cerrito 228, Buenos Aires, lo único que hubo al día siguiente fue un cartel que decía: "Como era de suponer, el concierto de Patricio del día 19 de agosto de 1978 ha sido levantado porque el teatro no lo pudo soportar. Patricio lamenta que su público no pueda escucharlo por ser lo que es. Volverán".

El viernes 18 había sido la primera vez que Patricio Rey tocaba en Buenos Aires. Y el sábado fue la primera vez que le prohibieron que tocara en Buenos Aires (o en cualquier otra parte). Tantos *acontecimientos notables*, en un mismo fin de semana.

POLI: El Centro de Artes y Música era una salita con un pequeño escenario, y había una heladera, también. Yo tenía alquilado el lugar para dos días, pero el dueño venía asustado de haber visto lo que vio en la primera fecha, y nos levantó el recital del sábado...

GUSTAVO NOYA: El recital se suspendió porque había habido un quilombo la noche anterior: minas en bolas... habían terminado cogiendo detrás de una heladera... El dueño tenía fundadas razones para pensar que el asunto iba a terminar siendo un quilombo. Y reculó. Se cagó.

Noya había sido compañero de colegio de Roberto Petti-nato, y ambos solían pasar los domingos en el Parque Rivadavia junto con otras bandas de gente y algunos amigos; de noche vivían en el bar La Paz, de la avenida Corrientes. Se hacían llamar "los correntinos". Cuando Noya conoció a Jorge Rúa, otro adolescente casi de su misma edad, comenzó a editar revistas con poemas de Allen Ginsberg y a organizar recitales subterráneos o, a veces, hasta con caras conocidas, como la de Pappo.

NOYA: Para nosotros era muy fácil organizar shows porque, en realidad, ¿qué era lo que yo hacía?: iba a un teatro, mi papá me prestaba 35 pesos, con esa plata señaba el lugar, imprimíamos volantes y los repartíamos por la avenida Corrientes... Y llevábamos al público de los bares de Corrientes, claro. Un día, en la casa de Jorge Rúa, alguien nos habló de los Redondos, que hacía poco se llamaban Patricio Rey y sus Redonditos de Ricota. Me conecté con Poli y armé el recital sin haberlos escuchado... Después, al otro día, la prohibición.

Pero, al parecer, fue suficiente. Menos de dos semanas más tarde, el Indio estaba torrando cuando alguien le restregó por la cara la primera evaluación de su apocalipsis porteño. El *Expreso Imaginario* llevaba 26 números en la calle y en su edición de septiembre de 1978 (en cuya portada brillaba John Travolta con un bruto tomatazo en plena trucha) apareció el siguiente documento firmado por Claudio Kleiman:

Al fin se produjo la presentación capitalina de Patricio Rey y sus Redonditos de Ricota, una delirante banda platense que puede llegar a sacudir el almidón de nuestra música a fuerza de rock and roll y buen humor. La cosa se produjo en el Centro de Artes y Música, y la desafortunadamente no muy numerosa concurrencia tuvo oportunidad de presenciar un espectáculo que no se va a olvidar así nomás. Ya desde que aparecieron pudo verse que éste iba a ser un recital "distinto"; el guitarrista Sky (sic) vestido como un temible punk, Fentom (sic) comandando su bajo desde un deslumbrante traje de mosquetero, Indio Solari cantando enfundado en un overol blanco, Gabriel punteando su guitarra inaccesible en su frac azul con una flor amarilla y Migoya bateando los parches vestido de no sé qué cosa. Su entrada estuvo signada por el arrojo de papel picado y serpentinas, realizado por las entusiastas chicas del "ballet ricotero", el cuerpo femenino del grupo. Así fueron desfilando los temas, un rock and roll tocado con toda la polenta, con una base rítmica que marca como se sabe y un violero (Gabriel) que asombra por su velocidad y justeza. Pero hay más: el cantante, Indio, es una cosa seria. Hacía mucho que no veía alguien sobre un escenario cantar rock y blues con un sentimiento semejante. Van algunos nombres para que se den una idea: "Mariposa Pontiac", "La chica de la cafetera", "Supersport", "El Hidromedusa", "Spiroqueta" (sic), con un excelente solo de Migoya, "Maldición hoy es un día hermoso" (sic), "Algo escandaloso sucedió en el bazar de Wakeman and Fripp" (sic), el impresionante "Blues del noticiero", un reggae bien en la onda Stones que no tiene título, y "Crecer, crecer", una hermosa canción bien cantada a dos voces por Sky (sic) y el Indio. Las sorpresas amenazaban no terminar nunca: en la mitad del recital se produjo un cambio de bajista, siendo Fentom (sic) sustituido por Néstor, otro mosquetero que se las trae. Al promediar, un voluminoso sultán rodeado por dos efebos que iluminaban su paso con estallidos de luces, se dedicó a repartir los auténticos redonditos de ricota entre la concurrencia, que los devoró con un apetito devastador. Además, hubo varias apariciones del ballet ricotero que estuvieron a punto de provocar numerosos infartos, ya sea enfundadas en trajes de Superman, en buzos multicolores o las vestimentas más extrañas que se les puedan ocurrir. También el ballet tiene una solista, Cecilia, que hizo su número mientras el conjunto desgranaba un ritmo tropicalón, de título "Solista" (sic). ¿Qué más? El final fue una apoteosis: el grupo tocando "Mariposa Pontiac" mientras un verdadero aquelarre de disfraces, bailes y pantomimas varias se desencadenaba sobre el escenario, intentando devolverle al rock and roll el carácter festivo que parece estar perdiendo.

Lamentablemente, el espectáculo (donde no se rompió nada y terminó en perfecto orden, con la gente retirándose con enormes sonrisas en sus rostros) les pareció demasiado a los propietarios de la sala, que no permitieron la función programada para el sábado. Pero los redonditos no se desaniman y prometen volver. Seremos unos cuantos los que estaremos esperando ansiosos.

El comentario llevaba por título "Patricio Rey y sus Redonditos de Ricota: una fiesta". Hoy, lo de "fiesta" resulta exasperantemente común a la hora de rotular un concierto de rock. Sin embargo, por entonces, la dictadura no estaba dispuesta a permitir que nadie se divirtiera. Faltarían aún casi cinco años para la noche en que Monona se desnudara (una vez más) dejando amontonado, sobre el piso del escenario, un uniforme militar.

La siguiente velada en la que el Indio se subió a unas tablas fue en la Sala Monserrat, más conocida como La Sala, propiedad del Sindicato de Mozos. Era una construcción tipo PH, con el local sindical adelante, un pasillito angosto al costado y atrás un "salón de eventos", casi en el centro de la manzana. Todo el lugar estaba pintado de negro. "Era siniestro", dicen los que lo vieron. Adentro, esperando a Patricio, se agolpaban entre 200 y 300 personas. No cabía ni una bandeja de mozo. En el patio se vendían empanadas y vino.

NOYA: Por supuesto, nos quedamos con todas las empanadas y se chuparon todo el vino. Del resto no me acuerdo nada. Todos estábamos con un pedo tísico.

La marabunta trata de invadir el escenario. Y se sube, nomás. Hay más gente arriba que abajo. Arriba, el Indio pelea a brazo partido por conservar el micrófono. Fenton, vestido de espadachín *à la* D'Artagnan, con sombrero con plumas y una capa brillante, consigue que el mástil de su bajo llegue a verse por sobre las cabezas de la multitud. La alegría le dura poco: el traje de mosquetero se le hace tiritas.

El casero de la Sala Monserrat no le quita los ojos de encima al Indio Solari. Tiene un gusto raro en la boca. Hace horas que quiere vengarse, pero no sabe cómo. Tal vez ni siquiera se anima.

¿Qué pasó?

La prueba de sonido de la tarde había empezado muy temprano. Y este casero (que, además de vivir allí, oficiaba de gerente) atesoraba en una heladera, cerca del escenario, un kilo de milanesas. Gustavo Noya había padecido los primeros estertores de la prueba (con cincuenta colados haciendo bardo) y debió huir a su casa a… ¿cambiarse?, ¿dormir?, ¿morir? Sonó el teléfono en su departamento y, del otro lado de la línea, Jorge Rúa parecía a punto de hacer aquello último.

–Che, loco, volvé a la sala, acá hay un quilombo padre, no sé qué pasa, ¡quieren llamar a la policía…!

–¿Por qué? ¿Por qué? –Noya se había despertado muy de repente.

–¡Al casero le afanaron las milanesas de la heladera!

–¿Alguien le comió las milanesas?

–¡Eran milanesas *crudas*! ¡Y dice que fue el Indio!

–Pero Jorge… ¿cómo se va a afanar el Indio milanesas crudas? ¿Qué vamos a hacer? ¿El Indio está ahí? ¿Qué dice?

–Nada dice… El Indio está probando sonido, yo no le dije nada…

Gustavo Noya llegó corriendo al teatro, con lo que vale un kilo de milanesas. Le dio la plata al casero. Nadie llamó a la policía.

NOYA: Fue la primera vez que le di verdadera bola al Indio, en ese ensayo. Me impresionaba mucho lo que decía, y lo que cantaba. Es decir: todos estábamos muy acostumbrados a cierta forma de *escuchar*, estábamos acostumbrados a oír a muy buenos músicos… A lo que no estábamos muy acostumbrados era a una palabra con tanta densidad; y, a la vez, con esa mordacidad… Una palabra dicha por un tipo que cantaba de una manera muy rara, muy atípica, que tenía una imagen tan extraña… El Indio daba muy poca bola, daba muy poca pelota. Se paraba, hablaba con vos de cosas muy específicas, pero después nada más. Era él quien escribía las gacetillas de los conciertos, pero firmaba como Patricio Rey o "en representación de Patricio Rey".

Daba la impresión de querer conservar el anonimato, el Indio.

–Obvio. No quiero que nadie se dé cuenta de nada.

Es diciembre, en el Teatro de la Cortada (luego Parakultural), cuando los Redondos despiden otro año. No fue un año cualquiera, el 78: desde el verano tenían un nombre; habían llegado a la Capital. El Indio sigue alternando Buenos Aires con Valeria y La Plata; más de una vez hay que ir a buscarlo. A *exhumarlo*. Esta noche, además de la muchedumbre habitual molestándose sobre el diminuto escenario, asoma el actor *under* Robertino Granados, con su troupe de El Circo Mágico. La algarabía toma visos de apocalipsis. "¡Se termina por fin este año guacho del 78!", es la consigna. "Romper la piñata", a los gritos. El *año guacho* había incluido el Operativo Soberanía militar que estuvo a punto de iniciar una guerra entre la Argentina y Chile. Fue el mismo *año guacho* en que la Selección ganó el Mundial después de una sangría de 700 millones de dólares de entonces, destinados a preparar una "fiesta de todos" que ocultara las violaciones a los derechos humanos "de los otros".

Los que estaban en el escenario se van. No hay telón. Vuelve el maestro de ceremonias, ahora disfrazado de preso, y muestra a la concurrencia una gorra que, dice, contiene papelitos con nombres de músicos que Patricio Rey elegirá, por intermedio mágico de esa mano de preso, para que animen esta misa. No tienen por qué ser los mismos músicos de la misa anterior. Nadie más que Patricio sabe, dice el Muferchо, qué músicos tocarán esta noche. Los designios de Patricio Rey son inescrutables.

Muferchо saca un papelito de la gorra.

–¡Skay! –grita, como dando un premio.

El joven de los ojos como el cielo lleva puestos anteojos oscuros. Y una guitarra colgada bajo, casi montada sobre los cuádriceps.

–¡Gabriel Jolivet! –aúlla Muferchо, y aparece un muchacho con dientes tan grandes que no le caben en la sonrisa incómoda.

Y luego sale el resto de los *niños cantados*, casi en tropel. Enchufan mientras saludan.

Y la banda empieza a tocar. Es un soul abolerado. Luego, una zapada infernal que no empieza ni termina nunca.

Para el final del show, Solari busca una canción que le recuerde algo más que la Argentina guacha. Algo mejor que ese año guacho. Bahía. Brasil. Buenos recuerdos. Y canta:

Noche serena en el mar.
Negros bailando al compás
De ritmos que siempre perdurarán. La luna se mira en el mar,
Un sueño que nunca termina.
Monona se acerca al regresar. Viejas creencias de ayer,
Misterios que tiene la vida.
Así es una noche en el mar, en Bahía.

Dos meses después, el Indio decidió que era hora de hacer las primeras declaraciones públicas. No había renunciado a su idea paradójica de mantener en secreto la identidad... ¡inexistente! de un tal Patricio Rey. Con Guillermo pergeñó un reportaje y se lo entregó al *Expreso Imaginario*; ahí estaba todo, pensó. "Es verdad, aunque usted no lo crea", tituló Claudio Kleiman: "Conseguimos entrevistar a Patricio Rey". El periodista hizo una introducción donde planteó los considerandos: la propuesta del "misterioso grupo platense" era declararle la guerra a la formalidad. "Sobre todo después de su triunfal concierto de fin de año en el Teatro de la Cortada, en el que a las huestes de Patricio se sumó Robertino Granados y su Circo Fantasma (*sic*), provocando un infernal clima de delirio, una inolvidable fiesta donde se perdió todo límite entre el escenario y los asientos, entre los artistas y el público, haciendo protagonistas a todos los presentes." Luego de leer las aseveraciones del supuesto cronista freelance Norman Olliermo Indigi (¿Oyermoindigui?), que comienza su reportaje en ¡Bruselas!, Kleiman debió aclarar (y aclararse a sí mismo): "Las interpretaciones corren por cuenta de cada uno". Ahora también.

BRUSELAS. Son las cuatro y minutos. Hace frío por aquí. Después de haber culminado la más dificultosa tarea periodística de mi carrera, recorro con la mirada mi equipaje ya listo. Parto en una hora. Bruselas es una ciudad vieja. Mirando el asfalto húmedo, me pregunto por qué me fue dado encontrar a Patricio Rey en un lugar como éste y no en Lisboa o Berlín, adonde me llevaron las informaciones recibidas en mi agencia en Rochester. Después de la experiencia del reportaje, vuelvo a reconsiderar los incidentes y los personajes que me acercaron a esta nota, como por ejemplo el suntuoso peluquero berlinés que me dio el dato definitivo acerca de su paradero, o el risueño cónsul ecuatoriano que casi confidencialmente me indicó el nombre del club nocturno en el cual Patricio Rey acostumbra cenar. Llegado a este punto me siento tentado a acrecentar el valor de la nota enumerando las dificultades surgidas; pero mi norma profesional me indica como más coherente con mi ética el presentar la nota lograda.

"LA NOTA." Rue de la Epée. Doce cuarenta y cinco A.M. Persiste la llovizna fría y sin embargo continúo alerta. Si mis informaciones son ciertas, Patricio Rey se encuentra cenando tras esa puerta labrada, a escasos cincuenta metros del carruaje en el cual me hallo expectante. Es un club privado (privadísimo a esta hora de la madrugada). A la una y treinta A.M. se abre la puerta, y sale una figura corpulenta enfundada en un impermeable que hace una imperceptible seña hacia la esquina. Un Buick acerado se desplaza lentamente hasta detenerse frente al club. En ese momento, mientras se abren las puertas y penetran en el automóvil otros tres impermeables, el gigantón cruza la calle y se acerca hasta mi carruaje, abriendo la portezuela. Miro indefenso al cochero, que aparentemente duerme y no presencia esta situación. Él me toma del brazo haciéndome descender del carruaje, y mientras me guía hacia otro vehículo, desapercibido para mí hasta el momento, me indica en un correcto inglés: "Nada de cámaras fotográficas, nada de micrófonos, descripciones físicas ni ubicación".

Una y cuarenta y cinco A.M. Solos mi guía y yo en un ascensor. Sin sonido se abren las puertas. Un piso europeo continúa el ambiente del ascensor. Ciertos detalles armónicos en la disposición del mobiliario me indican que ésta es una sala para entrevistas. A pesar de no quedar testimonio grabado de la entrevista, mantengo casi textual el diálogo con Patricio Rey.

Dos A.M. Música funcional tenue. Xavier Cugat.

Periodista: Mi objetivo es obtener una comprensión más amplia sobre su personalidad. En Estados Unidos cada vez hay más adeptos que siguen sus enseñanzas. ¿Puede usted esclarecerme?

Patricio Rey: Me siento en la obligación de corregirlo (*sonríe*). Las mías no son enseñanzas; yo doy "consejos". Con respecto a Estados Unidos, para mí carece de importancia en estos momentos, a pesar de que allí se nuclea cuantitativamente el grueso de mis pupilos. Mis consejos existen en tanto y en cuanto haya en el otro extremo una diferencia de potencial. En U.S.A. este tránsito de energía cruda se ha cortado hace ya tres largos años. Esto parecen ignorarlo mis ex pupilos. En este momento, en el único lugar que ejerzo padrinazgo es en Sudamérica, más precisamente en Argentina.

P.: ¿Cómo se llega a esta situación?

P. R.: Su pregunta es inteligentemente muy amplia, me permite ser más preciso. A principios del 77 recibí una conmovedora carta, firmada por un grupo de jóvenes. En ella me contaban que había llegado a ellos la noticia de mi existencia. Me referían, textualmente, que eran un grupo de jóvenes descarriados que habían terminado un ciclo de "pasos cambiados y malas juntas". Así, me amenazaban con desatar una "ola de terror" si no lograban mi padrinazgo. Aprovecho este punto para aclarar mi situación de responsabilidad para con mis pupilos. El término "responsabilidad" en este caso debe ser tomado de una manera especial. Esto se explica con la situación de que este grupo no me pidiera o implorara padrinazgo, sino que me lo exigiera a través de una amenaza. Esto generó la diferencia de potencial necesaria para mi intervención.

P.: ¿Y cómo se manifiesta su intervención, en la mecánica de trabajo de estos grupos?

P. R.: Nuevamente su pregunta me tranquiliza, porque parece haber comprendido el significado de "responsabilidad". Usted pregunta por la mecánica de trabajo y no sobre cómo yo ordeno o dirijo. El mecanismo de tránsito obviamente no se lo voy a explicar, pues es parte del total de energía en circulación, y se perdería en la explicación. La vehiculización que hacen estos grupos es lo que sí puede explicarse. A través de distintas disciplinas de acción no ortodoxas, mis pupilos transfieren el concepto "fiesta". A lo largo de la historia, el ver y el oír han hecho atento y desdichado al pensar... El funcionamiento es lo más orgánico que se puede pedir. Es como el cerebro o una colonia de termitas. La acción reúne los componentes unitarios que de por sí desconocen la "fiesta"; recién la recuerdan en el momento y en el lugar del acontecimiento.

P.: *¿Cómo es eso del "acontecimiento"?*

P. R.: El impulso que reciben los componentes puede tener características rituales y canallescas. Tengo entendido que mis pupilos argentinos utilizan los dos métodos. El ritual, a través de unas masas fritas o pasteles, y el canallesco, a través de plegarias-insultos.

P.: *Perdóneme, señor Rey, pero no es muy claro para mí esto del "acontecimiento"...*

P. R.: Comprendo su confusión. Porque la transferencia de la idea es posible con la participación en el acontecimiento. Podría describirle someramente el desarrollo de una "fiesta" de este grupo. La acción a través de disciplinas no ortodoxas, como la música rock, el humor, la danza, el circo, se desarrolla siguiendo las líneas invisibles de la energía circulante, o cruda. No es caótico, como no es caótica la explosión de una Nova. Lo único que interesa es el objetivo fundamental, que ya sea por uno o por otro medio logra la "fiesta" en el tiempo de los acontecimientos.

P.: *¿...?*

P. R.: Todo esto es intransferible en este código, le vuelvo a repetir. Lo único útil para comprender es "participar". El ver y el oír hacen desdichado al pensar.

P.: *¿Y quién es quién en Los Redonditos de Ricota?*

P. R.: La identidad no agrega nada al hecho, pues por separado los componentes nada significan, en todo caso sólo potencialmente. "No son seres sino fuerzas." A mí no me interesa eso, incluso lo desconozco. Pero si es de su interés, seguro que las revistas especializadas de Buenos Aires deben haberlo publicado. Usted sabe, para mí es fundamental combatir el ego. Por otro lado, en el plano personal, lo único pretencioso que he hecho en los últimos meses es esta insatisfactoria explicación de algo que sucede fundamentalmente en el nivel sensible.

P.: *¿Y cómo podría hacer para participar en esa "fiesta"?*

P. R.: Por lo pronto, para los próximos meses he aconsejado un "retiro de recarga", que espero sea cumplido, para poder lanzar la energía cruda y *romper la piñata del '79*. La verdadera *roca bestial*. De cualquier manera, y en el momento que esto suceda, le aconsejo dejar su vocación periodística en las boleterías para "perder la forma humana" de la manera más adecuada.

En ese instante se abre la puerta lateral, dejando paso a una mano enguantada que efectúa un ademán obsceno e indescriptible, al tiempo que una voz chillona grita: "El tiempo ha terminado, el tiempo se ha cumplido". Patricio Rey se ruboriza y con un amaneramiento impropio llama al impermeable con una expresión que aún permanece en mis oídos: "Iujuuuuuuu...". Al penetrar al ascensor escucho a mis espaldas un excitante descorchar de botellas.

El show ya tendría que haber empezado, pero igual falta. El entrerriano se desplaza con paso de gato por los pasillos del teatro. Va camino del baño. Ya no se parece en nada a aquel chico rellenito, de pelo largo, que fue expulsado de un curso en la Universidad por orinar en el aula. Ahora tiene poca panza, es semicalvo y porta bigotes. Espía, por entre las paredes de equipos, a la grey que va entrando en la sala. Sostiene un vaso de vino blanco en su mano.

Todos tienen un vaso de vino blanco en la mano. Los abstemios, también. Los que sufren del hígado, los que tienen hernia de hiato, los que tienen el estómago vacío, también. Los que prefieren el vino tinto tienen su vaso de vino blanco. En esta misa la *sangre* tiene otro color. Poli es Fan Mayor del oscuro ferné, pero ha sugerido (¿compelido?) a los feligreses que, durante esta noche, comulguen con el áureo elixir. Ésa es la sangre misma de Patricio Rey.

El lugar desborda de murmullos. No hay ningún grito, todavía.

De vuelta del baño, el Indio reaparece en camarines. Recorre el lugar con la mirada. Fenton, el bajista; el Migoya palilleando sobre un banquito; un puñado de amigotes que mueven los brazos como aspas de molino; los *números vivos*: Monona y las chicas cambiándose entre cacareos; Skay. Y Poli.

84

Estamos en un vínculo.
Vamos a ver qué es eso de pesar en un vínculo.
Asombramos extraños queridos.
Vamos a ver qué es eso de asombrar extraños queridos.

La gente espera y charla y charla y bebe. El show ya tendría que haber empezado, pero falta. Entonces, saltando desde detrás de una cortina, aparece una vez más el Doce, "el Sultán obeso", con su séquito de monaguillos semidesnudos, y reparte entre los feligreses presentes los buñuelitos de ricota que preparó durante la tarde. La canasta es de mimbre, como las de los panaderos, y un paño blanco cubre los scones blancos, redonditos. Luego del vino, ésa es la otra mitad de la comunión: la del cuerpo. Un camión de adrenalina parece haber estacionado dentro del teatro y está vaciando su carga ahora. En la platea, una pequeña multitud de estudiantes universitarios, actores, músicos, bailarines, periodistas, poetas, aventureros y escritores cree estar lista para la ceremonia.

En camarines, una pequeña multitud de aventureros, músicos, escritores, estudiantes universitarios, actores, poetas, bailarines y hasta periodistas cree estar lista para la ceremonia.

Ahí está Skay, ahora, en camarines, pasándole la franela a la viola.

Cuántas veces más sucederá esto.

Es hora de salir a dar misa.

La *plegaria garchófila*, la invocación de Patricio Rey a los espíritus que harán menos oscuro el enero que ya está encima, es un rosario de gemidos eróticos.

Dice el Indio: Aaahhhh...

–Uaggg... Ahhh –orgasmea el Mufercho.

Afuera, el aire de la noche advierte que, lejos de todo goce, otro amigo está en cana.

El Indio dice: "Los Redonditos, de alguna manera, agrupan a un conjunto de rockers. Gente que es producto de la Cultura Rock, de una cultura que tenía ciertos logros, pero cuya máxima ambición fue la de una Nueva Cultura. No una raspadita en el esmalte de la democracia. No un cambio de modelos, o un cambio de personajes en el escenario del poder. Después de todo, la Cultura Rock fue mucho más ambiciosa que las tradicionales ideologías políticas. Esa creencia que tuvimos, eso de pensar que había que ordenar tantas experiencias, tan diversas en todo sentido: lo místico, lo religioso, lo aprendido en la calle, las pulsiones emotivas, políticas, la nueva izquierda, Mayo del 68, las Panteras Negras... Bien, una nueva cultura podría estar regida por un principio ordenador como el del placer, por una selección libidinal de los hechos y con la incorporación de lo esquizo y del porno... No sé cómo lo podremos hacer, pero sé que en los 60 no se pudo, entonces insisto en la inutilidad de un camino retro a un lugar que ya fue. Lo que está faltando es pensar una nueva cultura en serio, no algo que modifique la epidermis o el perímetro de este sistema. Y para eso los más jóvenes tienen que experimentar el hoy y hacer sus aportes. Nuestro aporte será tal vez dejar que la música les llegue a través nuestro... Somos músicos que básicamente no creemos que ejecutamos la música, sino que ésta nos ejecuta."

¿Qué tema sigue? A pesar de las luces de frente que lo ciegan, el Indio abre bien los ojos y enfoca la platea.

Vamos a ver qué es eso de pesar en un vínculo.

El show está fuera de sí. La banda ni se entera. El escenario es, de pronto y otra vez, una débâcle de bailarinas, actores, malabaristas, payasos, habladores. Un tipo, simplemente, se afeita en público. Monona se va a desnudar.

El Indio sabe que muchas veces tocan "para el diablo". Demoníacamente mal. Éste puede ser el caso. Sabe que su público es muy tolerante con lo que sucede sobre el escenario. Y sabe también que nadie sabe qué sucederá; tampoco los propios músicos. Salvo que Monona se va a desnudar.

Viejo Caryl Chessman, viejo Caryl Chessman,
respira otra vez,
ya llegó la hora, lubrica tus branquias,
respira otra vez...
"¡Viejo Caryl Chessman!", gritaba, enfurecido,
un tal Brigitte Bardot...

Si se trata de ser ejecutado por la música, aquí tenemos la ejecución. El "caso Caryl Chessman" engendró en su momento más voluntades en contra de la pena capital que cualquier otro, antes o después. Chessman tenía 27 años y había pasado la mayor parte de su vida entrando y saliendo de la cárcel cuando en enero de 1948 fue arrestado en Los Ángeles. Lo acusaron de ser El Bandido de la Luz Roja. Se acercaba a autos estacionados en lugares solitarios, prendía una luz roja como la que usaba la policía y robaba a sus víctimas; a veces, si había una mujer, la violaba. Chessman alegó brutalidad policial. Lo condenaron a la cámara de gas. Durante doce años fue zafando de la sentencia, y desde su celda 2.455 de la prisión de San Quintín escribió cuatro libros en su propia defensa. Algunos fueron traducidos a otros idiomas. Finalmente fue ejecutado el 2 de mayo de 1960. Entre los que pidieron clemencia por Caryl Chessman se contaban Pablo Casals, Aldous Huxley, Ray Bradbury, William Inge y Norman Mailer.

Si yo hubiera estado allí entonces, piensa el Indio, hubiera firmado también. Pero, más que nada, me hubiera mezclado con esa gente.

Mira a Monona, que todavía está envuelta en vendas, como una momia. En Patricio Rey, le queda claro, hay un sistema crediticio, sobre todo con los *talentos*. (En *variedades*, en el ambiente circense, son *talentos* los que interpretan un número determinado.) Y para el Indio son talentos Sergio Martínez, las bailarinas, los que hacen algo aparte de la banda, son gente que van conociendo y se les van acercando porque son *socios* de su manera de vivir. Apenas se logra esa afinidad, "se sabe que la persona no desvirtuará con su acto lo que la banda hace", y se le da crédito para que haga lo que absolutamente se le dé la gana.

Monona un día apareció diciendo: "Tengo algo preparado que es impresionante".

El Indio se la vio venir: Monona quería desvestirse. Primero usó una malla, después la mitad, y de a poco fue descubriendo todo el cuerpo. Tal vez cuando se acordó de los gritos del Mufercho, hecho momia en aquel piso de camarín, se envolvió en vendas, se hizo llamar La Momia, y fue sacándose las vendas, sin hablar, hasta quedar en pelotas.

Siempre suele haber otras diez chicas en escena. "La Pesada de la Danza", se hacen llamar algunas. También van y vienen "Las Bay Biscuits". Cantan un tema que dice: "Somos sólo un par de mujeres aburridas"; todas tienen pollerita. "Están divinas", dice Poli.

La banda sigue tocando. El Indio ensaya algunos movimientos de Tai-chi-chuan; la voz se le quiebra bastante. Es tarde. Su casa queda lejos. Tiene su buen precio aprender qué es eso de pesar en un vínculo. Mira a Skay y le hace la seña de siempre; el batero empieza el rulo.

La jauría acepta los vicios del sapo ebrio, ebrio de baba.
La jauría acepta los vicios del sapo ebrio, ebrio de baba.
El arco del alba es el norte de tu vientre rutilante.
¡El Hidromedusa!

Quince minutos de furia ricotera; más tarde, entre tema y tema nadie dice nada. Hay un pequeño instante de silencio.

Y desde la platea salta una voz infantil. Un nene grita:
–¡Mamá! ¡Quiero la momia!

Buenos Aires comienza a llevar al Indio de las narices. A veces, el baile ricotero y la fiesta se ven obligados a menguar, en aras de "la organización". A veces no: "Por fin, por fin", dice el Mufercho en cada show, una señal para que el Indio arranque y dé paso a un tour espacial que durará trece temas y tanto alcohol como tus narices puedan aspirar:

Ya se asoma la roca bestial.
Llegó de Marte para hacerte temblar.
Eres parte del rock n'roll.
Vamos, Patricio, vamos ya. ¡Por fin! ¡Por fin!

Más tarde, cuando ya pasamos de Marte, sube a la nave el hombre blanco, aquel mismo del que cantaba La Cofradía de la Flor Solar, y lo devuelve a poco más acá que Plutón:

En cuanto a ti, hombre blanco,
Bufón criminal, intoxicado animal:
Saca ese pesado culo de metal de acá. Y muérete temprano.
Y vuélvete a Urano ¡ya!

Una vez que el hombre blanco se volvió a Urano, el hombre indio se vuelve a Ramos Mejía. Y se aporteña. Del todo.

IsA PORTUGHEIS: Un día fui a un pub en San Telmo porque el dueño era amigo mío. Y ahí lo vi al Indio, después de tantos años, tantos años, y me dije: "¡Qué raro, el Indio cantando!". Yo nunca lo había asociado con la música. Siempre lo asocié con el dibujo, o con la escritura, porque estaba claro que el tipo tenía un nivel de discurso intelectual muy interesante... Creo que parte de ese discurso fue lo que después se canalizó a través de las letras de los Redondos. Pero... ¿verlo cantando? Me sorprendió. Absolutamente.

Había algo que al tipo no le causaba gracia: tocar en festivales, de día y acompañados por otros grupos. "Solos y de noche", era la consigna; o eso, o nada. Más de uno se le rió en los bigotes.

Todo muy gracioso. Como los policías que gritaban "¡O bajan ellas o subimos nosotros!", mientras las chicas semidesnudas se paseaban por el escenario del club Excursionistas el primer sábado de enero de 1982, aún con los efluvios de la joda del Año Nuevo que habían festejado dos noches antes. No era un festival descontrolado. Por el contrario, la lista de artistas presagiaba, en su conjunto, un delicado abanico de cuasi tranquilas formas de expresión: Sexteto MIA, Forma de Vida, Alberto Muñoz, León Gieco, La Fuente, Litto Nebbia, Celeste Carballo, Alejandro Medina, Alejandro Lerner y La Magia, Los Hermanos Clavel, Piero, Destroyer. Y Patricio Rey y sus Redonditos de Ricota.

El *Expreso Imaginario* mandó al periodista Víctor Pintos, que publicó su nota un mes después:

Después del Nebbia atrapante, maduro y vital que me dejó reconfortado, salieron "en su retorno" Patricio Rey y sus Redonditos de Ricota. Este grupo que dio bastante que hablar hace unos años, reapareció con un rock and roll primitivo (más algo de blues), disfrazado por un verdadero corso arriba del escenario. Disfraces, mucho ritmo, muchachas bailando, desparpajo por todos lados y una loca alegría. Como era medio previsible, su propuesta no copó mucho a la "masa sudorosa", pero nadie puede negar su particular y fresco paquete musical.

Ese "fresco paquete musical" terminó siendo el moño del primer recital que rompió la tradición impuesta por el Indio. Ni *solos* ni *de noche*: tocaron de día, y amontonados.

MUFERCHO: Eran tres guitarras totalmente distintas pero tocando bien, porque los tres tocaban bien; Ricky Rodrigo tocaba viola, Skay tocaba viola y el Ataúd, Pato Edosain, tocaba viola. Y yo a éste le ponía un babero rosado; el gallego Aguirre estaba vestido de vigilante, se había tomado una pepa y decía: "Viste, *esto* es etiqueta negra". Un policía lo paró, y el gallego le pegó una piña al policía, y subió al escenario. Al rato teníamos a toda la Federal ahí arriba, atrás estaban los buchones; me acuerdo de que la chapa de uno de los vigilantes terminaba en 56, y el jefe decía: "O bajan ustedes o subimos nosotros", y finalmente nos quedamos, y todos nos criticaron. Pero el recuerdo que me llevo del rock, de mi última buena actuación, fue que nos escapamos...

POLI: José María Aguirre enloqueció, y agarró las luces y las quería tirar: era su parte del show. Ese día habían subido como diez chicas a bailar, todas muy hermosas. Había un quilombo de mujeres, todas bailando arriba del escenario; y en un momento salen ellas dos, Isabel y Monona, a hacer una danza medio erótica: estaban desnudas, pintadas, cubiertas con unos tules. Y entonces la policía, cuando vio eso, lo agarró a Jorge Pistocchi, uno de los organizadores. Y lo amenazó con suspender todo. Yo le dije [al oficial]: "Mire, disculpe, él no tiene nada que ver, dígame qué es lo que pasa". El policía le dijo: "O bajan ellas o subimos nosotros". Subí al escenario y les hice una seña. Entonces, rápidamente, les tiramos a las chicas unas telas que había ahí, para que se cubriesen y bajasen. Y la banda siguió tocando, pero era un desorden porque no era una banda, tampoco. Nunca hubo banda en aquella época.

El Indio no se hacía problemas por eso. La energía pasaba por otra parte: "La gente sabe que muchas veces tocamos para el diablo, que las cosas a veces no salen como tienen que salir, y entienden por qué es. Entienden la diferencia de medios con los que nos movemos, con respecto al circuito exclusivamente comercial. Es gente muy tolerante con lo que pasa sobre el escenario. Hoy en día, un porcentaje muy grande de la *prédica* de la historieta rockera está sustentado por una enorme estructura de producción, sobre todo técnica. Es el campeonato del rockero, toda esa historia que yo no sé hasta dónde es útil para el público y para el músico...".

Pero Patricio aguanta.

"Hace un montón de años pensaba que Patricio Rey era un personaje impresionante, alguien que podía brindar un techo conceptual y dar una prédica determinada a través de un canal como es el rock. Y con el tiempo, paulatinamente he llegado a pensar que es un pobre tipo, que carga sobre sus espaldas todo aquello que nosotros no nos bancamos del rock. Encontramos en Patricio a alguien que puede soportar todo lo que a nosotros no nos interesa del circo del rock, lo que nosotros consideramos como no gratificante. Tenemos a alguien a quien enviarle toda esa pelota, y que la cargue él, pobrecito, si quiere ser Patricio Rey..."

Patricio aguanta.

Ahí baja Monona, con sus alas de mariposa. Mufercho, Ricky y Fenton, asustados, deciden huir: salen corriendo de Excursionistas y pasan como tres misiles, a toda velocidad, por el cruce de Pampa y la vía.

En septiembre de 1982 la banda tenía un compromiso en el Polideportivo de Gimnasia y Esgrima de La Plata: el contrato ya estaba firmado. Pero esta vez el Indio no iba a aflojar. "Solos y de noche." Si no, nones. No quiso ir.

Poli lo llamó a Luca Prodan: "¿Podrías venir a cantar?". El romano y La Negra se habían conocido un año antes, en el boliche Einstein. Luca aceptó cantar con los Redondos. Roberto Pettinato, aquel viejo compañero de trapisondas de Gustavo Noya, también apareció en el Polideportivo, con su saxo y su mameluco naranja. El Indio no se enojó, después. Ni le importó, quizá. Todavía hoy cree que Luca era "un lindo tipo", y está convencido de que su muerte magnificó el poder de convocatoria de Sumo ("La gente se olvida de que, un par de semanas antes de morir, Luca no podía meter doscientas personas en un pub"). Ese día, en el estadio de básquet del Lobo, no muchos más de doscientos habían ido a ver a los Redondos. Luca cantó "Criminal Mambo", "Mejor no hablar de ciertas cosas", "Nene nena" y el "Blues de la libertad".

El Indio, mientras tanto, se puso a escribir.

"Querida…"

Truchó una hoja con membrete de la Oxford University Press, departamento de la universidad inglesa de Oxford. Puso el escudo de la ínclita casa de estudios, también: tres coronas reales rodeando un libro abierto donde se lee DOMIMINA NUS TIO ILLUMEA. *Walton Street, Oxford 0X2 6DP, Telephone 0865 56767, Cables* CLARENDON PRESS OXFORD, *Telex 837330.*

"Querida…

"En circunstancias normales se podría decir que estoy casi muerto. Un ganso inmoral sobre el mármol de un matarife. Algo blando y nada instructivo. Toda una ganga fénix, que tose y patalea mirando las estrellas con la boca plegada y un ojo farsante en el telescopio. Sin embargo y a pesar de este estado sigo amando a mis redondos. Continúo alimentándome del romanticismo de mis pupilos. Me parecen dulces (todavía) sus persecuciones sensuales y no puedo olvidar (como ellos no olvidan) las buenas carreras. Esas disparadas con apenas el tiempo para respirar.

"Amo a mis sachets porque desperdician la vida a toda velocidad. A una velocidad difícil de alcanzar. ¡Dios les guarde! El pulso acelerado por el disfrute de la vida rauda. El mejor tiempo posible para atravesar una jornada hermosa.

"De aquí en más (pobrecitos) intentan llevar a cabo un milagro. Un milagro no muy grande, pero nada trabajoso en compensación. 'Algo que nos mantenga vivos', dicen. Un milagrito sin esplendores ni esfuerzos desesperados. Nada de pactos suicidas ni maestría especial. Sólo simple decencia que debe echar a andar el reloj cuanto antes. En verdad, ya debería estar corriendo.

"Linda... Para cierta clase de ingenuos, lo mejor está aún por llegar. Ninguna alegría (ningún trabajito) es una misión sagrada. Un buen brindis por la libertad, esto es todo. Excepto ¡buena suerte!

P. D.: Recordemos el accidente de Albert Hofmann."

Firma: "Patricio Rey, Publicity Manager".

El suizo Albert Hofmann, doctor en química, trabajaba en la división de productos naturales de la compañía farmacéutica Sandoz. El 2 de mayo de 1938, mientras investigaba los alcaloides del cornezuelo del centeno (un hongo parásito de las gramináceas), absorbió por accidente una minúscula cantidad del principio activo de esos alcaloides. Tres días después, repitió la experiencia andando en bicicleta; llegó rapidísimo, aunque no se acordaba bien adónde era que iba. Enseguida se le ocurrió agregarle al componente un grupo, la dietilamida, y logró, por semisíntesis, un producto al que le puso nombre en alemán: Lyserg-Saure-Diethylamid. LSD.

Una noche de 1982, el Indio conoció a Enrique Symns. Poli, que rastrillaba los rincones de Buenos Aires y solía encontrar mucho más que lo que buscaba, se había topado con el artista en un café concert y siete días después arrastraba al Indio y a Skay hasta un pub de San Telmo, para que compartieran su descubrimiento. El monólogo de Symns les pareció fantástico a todos, y el trío invitó al extraño hombre desgarbado a formar parte del caos ricotero. Enrique se mudó a La Plata. Según cuentan, no llegó solo: apareció con dos chicas y la idea de un "número vivo", durante el cual ambas ninfas se atarían a Symns con cadenas. Primero probó suerte en Candombe, un boliche platense ubicado en calle 6 entre 44 y 45; compartió escenario con Miguel Abuelo y Los Twist. Después apareció en los shows redondos en Buenos Aires.

QUIQUE PEÑAS: Sergio, el Mufercho, empezó a competir con Enrique Symns: eran como dos putas agarrándose de las mechas en el escenario. Los boludos, en vez de complementarse –porque eran dos genios– se boicoteaban mutuamente las actuaciones, porque Symns traía la cosa más armada y Sergio se daba a la improvisación. Una vez, mientras Symns estaba hablando, Sergio estaba comiendo un ananá y se lo refregó en la cara al otro...

Más de una vez coincidieron los dos presentadores sobre un mismo escenario. En el Bambalinas, el 9 de diciembre de 1983, la última noche de la dictadura, horas antes del regreso a la democracia con la asunción de Raúl Alfonsín (sí, Monona, disfrazada de milico, se fue sacando todo hasta quedar, nuevamente, otra vez, una vez más, en pelotas) echaban chispas.

INDIO: En el Bambalinas se mezclaron los dos MC [maestros de ceremonias] que pugnaban por el mismo puesto y, más allá de la animosidad que los animaba en el momento, generaron un show impecable. Mientras uno quería hacer su rutina, el otro le tiraba *chasquibum* a los pies. Una guerra de vanidades que generó una noche inolvidable. En esa época la gente creía que eran cosas premeditadas... Me acuerdo del que se subió al escenario, se sacó un rolex trucho y lo empezó a zapatear arriba y después salió en la crónica como que era parte del show. Yo creo que toda esa gente también está en los nervios de este viaje.

A la salida del Bambalinas –después de aquel show de 1983, o del de julio de 1984, o de cualquier otro– se arma *la mesa larga*. El mundo de ricota converge en el bar Británico, en el Parque Lezama; todos los músicos, todos los periodistas, abandonan el teatro con una misión: "Vamos para allá". ¿El menú? Lo posible a esa hora ridícula: alguna milanesa, sándwiches diversos. El cronista Alfredo Rosso está medio engripado; camina rumbo al Británico "a medio metro del piso". Hasta las 4 de la mañana se conversa sobre la vida y el universo. El futuro, también. El Indio se relaja: todavía puede salir a la calle sin que nadie lo moleste. Federico Oldemburg, periodista de *Pelo*, se duerme tarde. Cuando se levanta, escribe:

Quienes alguna vez hayan oído y visto a los Redonditos de Ricota saben lo que significa un recital de ellos: la única manera de acceder a lo que hacen, ya que siguen firmes a la negativa de grabar discos y, por ende, es imposible escucharlos por radio o por cualquier otro medio. Pero no sería bueno oírlos en la radio, porque el espectáculo de ellos hay que verlo, por ser la conjunción de varias expresiones artísticas.

Es la explosión de lo subterráneo, pero una explosión con una onda que en cualquier momento puede dejar de ser subterránea. Que la sala se llene al máximo y quede gente afuera, sin que hayan hecho ningún tipo de publicidad, no es común. Eso significa que los comentarios de las personas que los han visto son tan buenos que llevan cada vez mucha más gente, y que realmente interesa una propuesta completamente distinta que además de aportar cosas nuevas, rescata valores que ya están casi perdidos.

La apertura del espectáculo fue sencillamente increíble: un monólogo a cargo de Enrique Symns ("El invocador"), quien, además de realizar unos textos geniales, es un excelente actor, que termina presentando el recital, dedicándolo a todos los hombres libres del mundo: las prostitutas, los homosexuales, los alcohólicos, los drogadictos, en fin, a todos los marginales. A partir de allí comienza a tocar la banda "biodegradable de rock redondo", con Skay (guitarra), Willy Crook (saxo tenor), Semilla (bajo) y Piojo Ábalos (batería). La banda es un muy buen grupo de rock and roll, moderna por la simplicidad de los ritmos, pero que a su vez procura rescatar la energía de los comienzos de los 70. Y suena muy bien, con Skay y Fargo, dos guitarristas completamente diferentes en estilo, alternando sus solos con los fraseos del saxo de Willy, interesantes pero a veces un poco tapados, con una base rítmica sólida y un cantante muy particular, quien además posee una poesía extraordinaria y una idea muy acertada de lo que debe ser un cantante en un escenario. Además de los músicos, que estuvieron en escena casi todo el tiempo, fueron desfilando varios personajes, como

Krisha Bogdan, bailando en el "Criminal Mambo" y "La bestia pop";
Anita, Marcela y Chuchi, como "Las muchachas del coro", y Claudia
Kikí y Claudia Blistein como "Las papusas blue", que aparecieron en
un blues bien pesado, cantando con las sonoridades más extrañas.
Aparte, antes de que comenzara la música y durante algunos temas, se
proyectaron películas, realizadas por Gómugo Films, productora cine-
matográfica.

No es normal ver a un grupo que, como los Redonditos, sea tan
fresco por la falta total de algún compromiso con algo, y es muy grati-
ficante que lo hagan tan bien, aunque algunos piensen que esta vez
salió de una manera demasiado profesional. Por supuesto que así va
perdiendo el carácter de subterráneo, pero no es por un cambio de acti-
tud por parte de ellos, sino porque el público lo va convirtiendo en algo
más masivo.

El Mufercho y el Indio han sido los mejores amigos. Pero al
Indio le fascina lo que hace Symns. Su primer monólogo, el "No
me miren", hace furor en las trasnochadas de la banda en La Esquina del Sol, en Gurruchaga y Guatemala. "Es espectacular",
insiste el Indio.

En un futuro lejano, un futuro imposible de imaginar ahora,
un Symns igual y muy distinto recordará: "El recital de los Redondos comenzaba la noche anterior al recital y a veces duraba
toda una semana. El Pelado preparaba la camioneta, Diego preparaba los rollos aunque capaz que después las fotos no salían;
la Turca se emborrachaba desde la mañana, con el B. Ode llorá-
bamos a los gritos por el balcón: ¡¡Van corriendo a la deriva, con
los ojos ciegos bien abiertos!!".

INDIO: Enrique es un tipo como yo, con todas las contradic-
ciones, y a veces está llorando y pegándose la cabeza contra la
pared y arrepintiéndose de lo que hace, y al otro día sale con la
máquina y agarra un cana en el baño y le dice: "Ahora te voy a
reventar la cabeza". Somos diez mil diablos y diez mil santos,
todos al mismo tiempo.

Un día lo iba a ver de cura, y con el culo al aire.

Indiecito en 6º grado de la Escuela 33 de La Plata, 1961 (fila superior, tercero desde la izquierda). En la fila de abajo está arrodillado su amigo, el rubio Isa Portugheis (segundo desde la izquierda).

Indio reflexivo, en un bar del Arroyo San Lorenzo, Salta,
enero de 1978.

Indio a bordo del Vo(l)vo durante la gira mágica y misteriosa a Salta,
enero de 1978.

Enero de 1978, Salta: de izquierda a derecha, Iche Gómez, Guillermo *El Boss* Beilinson y el Indio Solari.

Salta redonda: Iche Gómez (con maracas), Meyer (guitarra), Fenton y el Indio. Detrás de Iche puede divisarse al Loco de la Goma (el baterista Oscar Farías).

El primer Lozanazo, diciembre de 1977. De izquierda a derecha: Skay cantando de frente, Fenton vestido de marinero, JC (Juan Carlos Barbieri) en la batería, Iche Gómez de anteojos, Basilio Rodrigo con gorrito piluso, Ricky Rodrigo tapado por su hermano, Beto Verne tocando la guitarra y el Indio, sí, de mameluco. Casi no se distingue en la foto, pero al lado de Skay está Bernardo Rubaja.

Indio-leopardo en el teatro Lozano de La Plata, abril de 1978.

1978, Sala Monserrat: las bailarinas Monona y Cecilia *La Petisa* Elías sonríen junto a un Indio besuqueiro con otro mameluco de "astronauta italiano".

FOTO ARCHIVO PERSONAL DE QUIQUE PEÑAS

El Doce reparte redonditos de ricota a su grey junto al Mufercho (disfrazado de preso) y el Indio. Detrás de Solari aparecen los guitarristas León el Blusero y Gabriel Jolivet.

Indio coronado de fernet, circa 1978, en un backstage improvisado.

GONZALO MARTÍNEZ

Indio y Gloria Guerrero en el bar El Taller, 1994.

9 de diciembre de 1984. Ante 62 mil personas, y en el estadio Nacional, el DT Jorge Omar Pastoriza pega saltos como Silvio Soldán después de haber abierto el Cofre de la Felicidad. Independiente acaba de hacer puré al Liverpool por 1 a 0, con gol de Percudani; es la Intercontinental, otra para el Rey de Copas. El público que está a bordo del barco *María Sí*, anclado en una dársena de La Boca, no despega los ojos de la pantalla gigante. La monada está en llamas, y espera el postre.

Ahí sube Enrique Symns, disfrazado de cura, tirando cigarrillos de marihuana truchos a la platea. Algunos feligreses se abalanzan sobre los fasitos e intentan pitarlos, pero sólo encuentran papel enrollado, o algo de tabaco Virginia. No entienden el chiste. El chiste, nene, nena, es que la marihuana no se arroja al público sin riesgo de ir preso; ¿se entiende ahora? ¿No basta un faso virtual?

El Indio y Skay toman whisky en camarines. Aunque el Indio es de Boca (y, si anda por La Plata, del Lobo), está cebadísimo: el partido que acaba de terminar –cualquier partido, en fin– lo habilita a contar, por millonésima vez, qué tan buen jugador de fútbol era Solarito de chico... Después, de grande, se le dio por el vóley: con Fenton tenían un equipo en La Plata. Se hacían llamar los KC Masters, "porque éramos como lavarropas, jugando". Fenton se ríe. Bueno, después de todo, ya no quedan lavarropas KC Master. Willy Crook está manso: todavía no sabe que dentro de una hora y media será el héroe, el Corazón Valiente de una batalla campal. Ahí están José María Aguirre, y Quique Peñas, también; trajeron en el coche un montón de cohetes para tirar desde el escenario ("Una travesura; tirar cohetes en un barco, te imaginás...", se ríe Poli). El barco está repleto; hay más de 500 personas que revientan cuando la banda revienta. Primero, "Kazachok", después "Rodando", el "Rock de las abejas", "Patricio Disco Show", "De estos polvos futuros lodos", "Roxana Porchelana", "El regreso de Mao"... El último tema es "Mi genio amor": "Si empiezo a desconfiar de mi suerte estoy perdido", canta el Indio, "pues tengo ideas cada vez menos atrevidas".

Pero dice:

–Yo estoy subiendo a un escenario porque rocanroleo. Y es

el único lugar donde me siento seguro de mí, donde me siento permitido, donde no estoy incómodo; es el único lugar donde no estoy incómodo. Estoy en la cola de la carnicería y me revienta las pelotas lo que dice la vieja de al lado, me jode todo... pero arriba de mi escenario, no. Ahí estoy cómodo, puedo hacer lo que quiero, estoy permitido.

¿Y abajo del escenario, qué?

POLI: Ya había terminado todo, y un pibe, que era de Radio del Plata, le pide a otro que le sirva una copa, o una botella de cerveza, ahí en la barra. El tipo le dice que no, que ya cerraron, y le pega un empellón y le dice que se vaya. El pibe había entrado justo en ese momento; no había estado en el show, sólo quería tomar algo en el bar. Y, cuando el tipo de la barra lo empuja, sale y llama a los amigos. Pero, como el público ya se había ido, habían levantado la planchada del barco, y sus amigos no podían subir. ¡Empezaron a sacar los adoquines de la calle y a tirarle al barco! Impresionante, qué manera de reír; porque los adoquines entraban por el techo, entraban por los vidrios, entraban por todos lados. Habríamos quedado treinta, cuarenta personas. Para poder salir del barco, sale Willy, con un pie de micrófono, bajan la planchada y él pensó: "Bueno, los demás me van a seguir". Mira así y no había nadie; Willy solo. Salió corriendo, volvió disimuladamente para adentro. Todo el mundo estaba borracho. Todos estos de La Plata que habían venido en el auto, el Mufercho, Quique Peñas, José María Aguirre, estaban tan borrachos, que se les prendieron los *cuetes* adentro del auto. Al final reventaron todos los *cuetes* adentro...

ALFREDO ROSSO: Y se armó la batahola, porque pelearon todos contra todos, menos los Redondos y Symns, que estaban atrincherados en el vestuario. Nosotros nos escapamos con el Rafa; las piñetas las vimos desde afuera, desde la luneta del taxi que nos llevaba de vuelta hacia la civilización...

MUFERCHO: Fue así: estaba ya el viejo Symns oficiando, como de cura pero con batón y el culo al aire. Imaginate el viejo Symns; o sea: Monona en bolas no es nada, pero Symns en bolas y disfrazado de cura, ya era un quilombo, todo mamado, y en un barco... Y en el muelle estaba molestando una patota: primero

98

eran cinco, después diez, después veinte tipos... El asunto es que Poli y el Indio habían contratado a un policía tipo norteamericano, de traje color crema y con pistola 45; entonces el gallego José María [Aguirre] dijo: "Subamos porque nos matan". Y desde arriba del barco mirábamos lo que sucedía: vimos cómo entraba el policía color crema con la herida en la cara, sangrante, todo el traje crema sangrado, la pistola en el orto. Y los tipos tiraban piedras y el Gallego y yo, desde arriba, mirábamos todo. Los tipos tiraban piedras desde el muelle, como locos.

El Mufercho se empezó a asustar. También llegaban más piedrazos desde arriba...

–Gallego, esto viene muy mal, si los tipos llegan a subir nos tenemos que esconder en algún lado...

Entonces apareció Willy con su arma de guerra: un pie de micrófono.

MUFERCHO: No era un pie común: tenía una base redonda, muy pesada. Willy se metió en el medio de la patota de La Boca, revoleó a todos, los corrió, le pegó a uno... Él solito disolvió el quilombo, lo juro. ¿Y cómo aparecieron esos tipos allá en el barco? En general, la política del "Indian man" es no dejar entrar, excluir; a su vez, bueno, hay que decirlo: tampoco eran presentables los tipos como para estar en el barco... Estaban encabronados, o bien porque no los habían dejado entrar, o porque querían una violencia fácil; y, encima, cuando vieron al vigilante con el revólver, lo hicieron de goma. Poli, Skay y el Indio estaban en los camarines en ese momento, donde no dejaban entrar ni a nosotros, que éramos sus compañeros, porque siempre era "tomar el whisky en los camarines ellos solos". Pero no por exclusión, es por: "Somos nosotros, nosotros somos los iniciados"; y eso es una impronta muy jodida cuando sos un tipo que corre a un mendigo para decirle: "Flaco, vení a acompañarme a tomar".

6

LA DECLARACIÓN DE LA INDEPENDENCIA
O de cómo estar muy shangai

Se baja del tren en el Once, apurado. "Estoy llegando tarde", reconoce el Indio, pero no se inquieta mucho. Entra a paso redoblado por la puerta de su trabajo: el Hogar Falcón, un hogar de chicos de la calle, una especie de Patronato de la Infancia en el que cumple funciones administrativas y de secretario, manipulando carpetas y papeles; a veces oficia de celador, también. Aunque los Redondos ya tienen su primer demo (con "Nene, nena", "Mariposa Pontiac", "Superlógico" y "Pura suerte") y algunas FM de Buenos Aires difunden esas canciones con más unción de lo que cualquiera hubiera imaginado, la música de la banda todavía no da para comer. Está ese chico en Radio del Plata, Lalo Mir, que en *9 P.M.* pasa "Superlógico" casi todas las noches. Su compañera al micrófono es una locutora recién recibida: de tan jovencita, le dicen La Nena, y a todos les cuesta escribir bien su nombre: Elizabeth Vernaci. Uno de los musicalizadores del programa es Gustavo Noya, las vueltas que ha dado la vida de 1978 a 1983. Poli lo quiere mucho a Lalo; cada vez que se encuentra con el Rafa Hernández en la radio le dice: "Vos sabés que sos el segundo, ¿no? Lalo fue el primero que nos dio pelota. El primero de todos, y todavía. Entonces", concluye Poli, con tono firme, "cada vez que necesito algo de la radio, primero le pregunto a Lalo". Igual, queda dicho, aunque salgan por radio, los Redondos todavían no dan para comer. El orfanato, sí. Es un lindo laburo.

101

RAFA HERNÁNDEZ: Los chicos del orfanato lo adoraban. Yo conducía *Rayuela*, por las mañanas de Radio del Plata, y lo llamé al Indio el día de su cumpleaños, el 17 de enero, para que saliera al aire hablando de su grupo. Ya le había avisado que lo iba a llamar, así que todos los pibes estaban ahí, prendidos, esperando. Y al final, el reportaje duró nada más que dos minutos, ¡porque los pibes, para abrazarlo, se le tiraron encima y cortaron la comunicación! Y, en esa época, recuperar una comunicación en radio no era tan fácil como ahora... Lo adoraban, los chicos: eso me consta.

Aunque no es fanático de los niños, el Indio se siente cómodo con el tropel de enanitos a su alrededor. Recorre los pasillos del Falcón. "Uno está haciendo lo que inevitablemente tiene que hacer", piensa. Claro, los Redonditos todavía no alcanzan para comer la mejor fruta. Unos años después, cuando la banda sí empezó a rendir –relativamente–, Solari reconoció que nadie le garantizaba que el año siguiente no tuviera que salir a lavar platos. "Soy un desposeído, no tengo nada: abandoné la vida sistémica a los 17. Si esto se termina el año que viene..."

"Tenés que volver al hogar de niños...", le replicó su interlocutor.

"El hogar de niños sería lo mejor que me podría pasar", dijo el Indio.

Los miércoles al mediodía se escapa del Hogar Falcón y rumbea hacia la disquería de Alfredo Rosso, en la galería Bond Street de la avenida Santa Fe. Si bien la plata no le alcanza para comprarse discos –le da casetes a Rosso para que le grabe lo que más le gusta–, cada tanto se compra algún LP, también. Siempre de artistas "rockers humanos y emotivos". Tom Petty, por ejemplo. J. J. Cale. Cuando cae el Rafa Hernández se van todos a La Robla, pero con Rosso suelen ir a comer a Lord Jim, en Viamonte y el pasaje Dellepiane. Y, si no, a El Gallinero, que estaba en Paraguay y Rodríguez Peña, donde ahora hay un gran estacionamiento. Comen carne, parrillada. Algunas tardes, Sergio Marchi reemplaza a Rosso en la disquería, así que esas tardes la pueden seguir largo, largo...

Rosso: A veces, apenas me venía a buscar, yo le decía: "Indio, vamos a tirar la granada y después nos vamos a comer". Entonces me acompañaba a Radio Continental; la *granada* era un casete con mi micro para el programa *Boomerang*, que hacíamos con Graciela Mancuso. Entonces nos íbamos a "tirar la granada" y después nos íbamos a comer, y a hablar de la vida y el canto.

En diciembre de 1984, el Indio empezó a ralear viejas diversiones y a concentrarse en otras, nuevas. Iba a grabar su primer disco. No le iba a resultar fácil; lo sabía. Y declaró la Independencia.

La producción independiente era, en la Argentina, una patriada riesgosa y muy complicada que, hasta entonces, sólo le había resultado beneficiosa a MIA (Músicos Independientes Asociados), una multitudinaria cooperativa de artistas que a mediados de los 70 llegó a sumar hasta cincuenta miembros entre músicos, diseñadores, sonidistas e iluminadores. Dueños de un sello discográfico propio e independiente (Ciclo 3), los MIA se nuclearon alrededor de la familia Vitale: el adolescente tecladista Lito; su hermana Liliana, cantante; don Rubens *Donvi* Vitale, alma páter, y la mamá Esther Soto, cerebro organizativo, quien solía repetir: "Primero, Arte y segundo, Negocio".

No sonó raro entonces que *Gulp!*, el primer disco de los Redondos, se terminara grabando en los estudios de la casa de los Vitale, en Villa Adelina (Jorge Pistocchi, el mismo del festival Pan Caliente, se los había recomendado). Tampoco sonó raro que Lito operara la grabación y apareciera como tecladista invitado: hizo un solo de piano al final, siguiendo una melodía que le tarareaban los músicos.

Lito Vitale: Miguel Grinberg decía que el primer ciclo de la música argentina de rock estaba marcado por Los Gatos, Manal y Almendra; el segundo por Sui Generis, Pescado Rabioso, Invisible y Aquelarre; y el tercero por MIA, Bubu, Alas y algunos grupos más. Y a nuestro sello, por eso, le pusimos Ciclo 3. Había un montón de gente que quería editar discos a través de nosotros, pero nos resistíamos, porque nunca nos hicimos cargo de la promoción de nadie... ¡ni siquiera podíamos hacernos cargo de la nuestra! Entonces armamos un sello paralelo, Wormo; Wormo es el apodo del actor Mex Urtizberea, de quien éramos muy amigos. Cuando los Redondos vinieron a pedirnos información para editar su disco, Poli, hablando con mis viejos, llegó a un acuerdo: nosotros les prestábamos el sello y les alquilábamos el estudio para que ellos pudieran grabar su primer álbum.

La banda había juntado los pesos necesarios llenando una alcancía con un porcentaje de las ganancias de cada show. El Indio pensaba igual que los MIA: la autogestión era el modo más decente de solventar sus propias vidas sin resignar el alma. Donvi se reunía con el Indio, Skay y Poli a charlar sobre la independencia, la música y la organización.

DONVI: La fórmula que los Vitale usamos durante años, y seguimos usando, es priorizar el arte, y esa postura la tenía bien clara el Indio Solari. La música artística no es nunca masiva del todo. La música, el arte, es siempre una cosa de minorías... Pasado el tiempo, los Redondos demostraron que se puede llegar a un montón de gente y crear un movimiento musical que es inédito en la historia de la Argentina. Pero siempre por este camino.

Donvi había inventado para MIA un sistema de semaforización para las relaciones del grupo con los medios: rojo para la televisión (adonde no había que ir); amarillo para la radio (precaución); verde para la prensa escrita. El Indio se frotó las manos: nadie podría haberlo pensado mejor.

DONVI: Los Redondos fueron los continuadores máximos de ese planteo. No porque lo hayamos dicho nosotros, sino porque flotaba en el ambiente. Eso ya estaba dentro del Indio, es una coincidencia histórica. Y es muy importante, porque en casi ningún lugar del mundo ocurrió una cosa así; ni siquiera los Beatles –y mirá lo que te digo– tuvieron esa tremenda fuerza. Y eso en algún momento les tiene que haber pesado. Darte cuenta de que tenés un enorme poder y decir: "¿Qué hago con todo esto si no puedo modificar la vida de la gente que me sigue?". Es duro. Quizá sea una de las reflexiones que hayan pasado por la cabeza de Solari. Ellos mismos llevaron esa cosa hasta los límites más increíbles de consecuencia y de pensamiento. La coherencia y la consecuencia entre lo que se dice y lo que se hace son, en buena parte, obra de Solari. Muchísimos que hacen arte terminan no teniendo esa coherencia. Los Redondos la tuvieron, y es admirable. Fueron tan fuertemente coherentes que terminaron recogiendo toda esa polenta coherente "antisistema" que vivía en gran parte de la población argentina.

Charly García lo había "sufrido" en carne propia. Una noche en que los Redondos tocaban en La Esquina del Sol, Charly interceptó al Indio, Poli y Skay y les sugirió ser el productor de la banda. Pero recibió un amable "no" como respuesta. "Nosotros lo hacemos solos", le dijeron los tres.

En 1993, Telefé les ofreció medio millón de dólares para transmitir el show de Huracán. Nada de meterse en el camarín, ni entrevistar a los músicos: sólo poner cámaras y mostrar el recital... Los tres dijeron que no.

Pero la independencia implica romperse el lomo.

INDIO: Cuando las compañías se dieron cuenta de que llenábamos los lugares por nuestra cuenta vinieron todas a ofrecernos cosas. Nos han ofrecido hasta departamentos y guita para tocar en los recitales de [la campaña presidencial de Raúl] Alfonsín. Así como nos fue bien, nos podría haber ido para el orto. Pero quedó demostrado que podés ser independiente y coquetear en las ligas mayores. Claro que si vos sos una banda independiente y te la creés de entrada, o pensás que vas a reventar todo de un día para el otro, entonces cagaste. Ser independiente es romperse el lomo.

Las máquinas de los estudios de Villa Adelina no eran *de última generación*. "Eran de villa miseria total", se ríe Lito. Ahí el Indio aprendió por primera vez a grabar y a poner en práctica su hinchapelotez y obsesividad extremas; Lito estaba chocho.

DONVI: Lito también es muy hinchapelotas, por eso estaba cómodo. Él me contó que el Indio es muy obsesivo, y está bueno eso. Porque cuida que su obsesividad no invada el terreno de quien está trabajando. Y la muestra está en que *Gulp!* es un disco que, a pesar de la precariedad de las máquinas que teníamos en aquel momento, quedó bien logrado.

SKAY: Son las canciones más frescas, porque es el primer disco que hicimos y creo que es el que peor grabado está. Lo más rescatable son las canciones, que todavía me siguen gustando y hoy suenan mucho mejor en vivo que en el disco...

Tito Fargo Daviero es la otra guitarra. Willy Crook, "un poco el hijo de todos", según Lito, toca el saxo. Ya está el Piojo Ábalos sentado a la batería, Y Semilla Bucciarelli en el bajo.

La idea de la independencia alimenta la cabeza del Indio. Y también sus vísceras. Dice:

"Aparece la posibilidad de rever las propuestas que nos han hecho distintos productores, pero llegamos a convencernos de que, aunque nos ofrezcan mucho con respecto a regalías y todo eso, por más que llegues al arreglo de Julio Iglesias, si no vendés la cantidad que vende Julio Iglesias, el dinero que entra es poco para un LP. Entonces se te obliga a dedicarte a la explotación de todo lo que sos como *producto*, cosa que ninguno de nosotros tiene interés en hacer. No es seguro que la acción del productor nos lleve a vender más, pero sí es seguro que perderíamos ese público estrafalario que nos sigue, desde obreros portuarios hasta pibes punks, hippies recalcitrantes, intelectuales, trolos y otros...".

Poli sale a distribuir el disco de disquería en disquería, de amigo en amigo, de extraño en extraño. Intermediarios, abstenerse. Si alguien le pregunta por qué gasta zapatillas cargando esa mochila pesada, explica: "Si un productor quiere ocuparse de Patricio Rey en grabaciones, o en lo que sea, está invirtiendo una cantidad. Y para resarcirse de lo que invirtió, deberá vender a Patricio Rey de alguna manera que no tiene absolutamente nada que ver con lo que Patricio Rey quiere hacer".

Si vos cuidás que tu animal
no nos muestre libremente
lo que ya sabe del cuento de la muerte,
¡golpe de suerte!

INDIO: Cuando se hace un plan atípico como es una producción independiente, aprendés muchas cosas, no sólo a subirte sobre un escenario. Una producción significa unos tipos que tienen una llave con un dibujito diferente a la cerradura de la estructura, porque está preparado para uno. Toda la estructura del rock está preparada para los planes, productora, manager... Cuando vos sabés que no te conviene ir por ese lado intentás, como en el caso nuestro, hacerlo independiente, y a veces se da y a veces no se da. Ya no hay fórmula para eso. Eso es pura suerte.

Rocambole se pone a dibujar la portada: "Era el debut y había que presentar a la banda: la tapa tenía que tener impacto. La producción fue muy artesanal porque ése era nuestro modo de vida: vendíamos remeras, cosas de cuero. Yo en esa época estaba haciendo experiencias con chorreaduras abstractas que, además, eran fáciles de reproducir: pasamos un rodillo con tinta de grabado y aplicamos serigrafía con las letras en plasticola de color. No me acuerdo cuántos hicimos: estuvimos una semana armando las tapas, eran 'brigadas de trabajo', un término que se coló de la izquierda cubana...".

Pero Rocambole nunca está del todo solo. El "espíritu de Patricio Rey" organiza las cosas y provoca situaciones extrañas.

ROCAMBOLE: Sucedían cosas raras; por ejemplo, yo estaba pensando en la forma gráfica de un afiche o de la tapa de un disco, y ellos me llamaban por teléfono y me decían: "He pensado en un bebé"; y yo estaba terminando de dibujar un bebé. Muchas veces nos ha pasado eso...

El espíritu de Patricio Rey.

Patricio, sin embargo, no puede impedir que otros impidan. La banda cierra trato para presentar *Gulp!* el 16 y 17 de agosto de 1985 en el teatro Astros, pero los dueños de la sala deciden dar marcha atrás a último momento. El 23 de agosto, los Redondos van a parar a Cemento. El Indio sabe que alguna vez será momento de *limpiar* el escenario. Pero no puede. Los amigos suben y bajan de escena, los presentadores se superponen, los *sachets* no se vacían nunca.

Rosso: Un día, no sé por qué cosa loca que se me metió en la cabeza, dije: "Lo que yo quiero en realidad en mi vida es salir al escenario, vestido de oso, en un recital de los Redondos". El Indio, la Negra y Skay me permitían a veces subir a cantar los coros de "Ñamfifrú" [Ñam fi frufi fali fru]: "¡Cómo puede ser que te alboroten los placeres!", de onda, y más adelante me dejaron hacer monólogos, cuando se fue Enrique Symns. Así fue que un día me empaqué con alquilarme un disfraz de oso y salir con los Redondos. Y fue muy gracioso, porque yo estaba en mi disquería probándome el disfraz y quiso la casualidad que aparecieran la Negra Poli y Skay; me vieron, y les dije: "¿Lo puedo hacer?". "Y...", viste cómo es la Negra, no te dice ni que sí ni que no... Entonces dije: "Ma' sí, yo me mando". Pero el disfraz no era la careta sola, era completo... Y estoy seguro de que el Indio no sabía nada. Entonces en Cemento, en el 85, en el medio de "Ñamfifrú" aparece el oso en el escenario a cantar el coro. Y el Indio se dio vuelta, vio el oso de golpe y no entendió nada...

Esa noche no había sólo una banda y un oso. También estaba Guillermo Beilinson, el Boss. Y los dos presentadores y monologuistas: Symns y el Mufercho. Los Redondos habían llegado a Cemento, pero aún no conseguían llenarlo más allá de la mitad. Dos años después, sobre el mismo escenario, el Indio anunció: "Vamos a hacer un tema para los viejitos: para Rosso, para Kleiman". Debajo, ya no cabía un alfiler.

Para 1986 hacía tiempo que Solari ya no estaba solari; había aparecido, por fin, la primera mujer que entendiera perfectamente qué era aquello de darle su mano al Indio. Virginia Mones Ruiz, la dama de su vida; la chica delgada, inquietantemente linda, como salida de un cuadro de Boticelli. La que corría a comprar cervezas cuando caían periodistas a la casa de Ramos Mejía. La que efectivamente le da la mano al Indio ahora, en el sofá de la casa de Alfredo Rosso, mientras los tres disfrutan de las mieles de uno de los primeros reproductores de video mirando

Julieta de los espíritus, de Fellini. Ella susurra: "Qué bárbaro, esto" mientras Rosso –qué vergüenza– se va quedando dormido en el sillón de al lado.

El cine, motor psico de su cerebro.

–Qué increíble, *Brazil*, qué increíble –gime Rosso mirando al Indio, mientras cruzan con paso lento la avenida Corrientes–. ¿Cómo le fuimos a hacer la guerra a un país que es capaz de filmar una película así?

–Pero si *Brazil* es norteamericana...

–Bueno, pero Terry Gilliam es de Monty Phyton y los Monty son ingleses.

–Pero Gilliam es norteamericano, el único norteamericano de los Monty Phyton.

–Indio, sos un vademécum cultural.

Un día, el Indio se quedó sin cabeza. Se le voló después de ver *El sacrificio*, del ruso Andrei Tarkovsky.

Lo vio a Alexander, periodista y ex actor, viviendo con su familia en una casa solitaria, en una isla solitaria de Suecia. Entendió que Alexander quiso entender por qué la filosofía, la historia y la religión que había estudiado no le servían para conseguir aquella "mejor vida" de sus sueños. Absorbió la armonía que Alexander quiso negociar con la naturaleza, y luego sintió en la espalda el bombardeo de las noticias de la televisión. La tercera guerra mundial. Los misiles nucleares. Alexander ofrecía a Dios cualquier cosa, con tal de detener la crisis atómica. Alexander prometió no hablar nunca más. Quedarse mudo.

El Indio se queda mudo. Y escribe:

"Son seis minutos y nuestra mami va a contestar".

Seis minutos es lo que tarda un misil de Rusia a los Estados Unidos, cruzando la Tierra por el camino más rápido: el Polo Norte. La casa de Alexander está en territorio de paso. Nuestra mami va a contestar ese misil con otro misil.

Es tan chiflado y obnubilado que puede ser...
Tan caprichoso y tan sonado que puede ser...
Bombas de aquí para allá;
Puede ser, es irreal.

Ya no estás solo,
Estamos todos en naufragar.
Son seis minutos y nuestra "mami" va a contestar.
"Mami" elimina el error
del que vos sos capaz.
Rayos de aquí para allá,
puede ser, es irreal.

"Canción para naufragios" apareció en *Oktubre*.

Rosso: Fue una época increíble. Yo no daba pie con bola en muchas cosas, y al mismo tiempo estaba fascinado de vivir ese presente. Fue una época muy loca porque tomábamos mucho vino, mucho todo. Pero el Indio fue uno de los grandes tablones de salvación para mí: vos siempre necesitás gente que rebote tu *feedback*, y el Indio es un gran interlocutor. Pero además, hay que poner las cosas en contexto: no era el Indio Solari de los Redonditos de Ricota, el hiperfamoso. Todavía los Redondos estaban por dar ese paso entre ser un grupo mimado por el *underground* a volverse un grupo masivo. Después de *Oktubre*, los Redondos pegaron el salto.

Valeria del Mar seguía formando parte de El Camino del Indio. El periodista Claudio Kleiman tenía un pequeño departamento allá, y varios de los satélites redondos solían darse una vuelta.

Rafa: Kleiman me dijo: "Che, está el Indio acá en Valeria". "Uh, qué bueno, vamos a buscarlo." Era el año 86. Saco una foto que es horrible, que encima es la primera del rollo; pongo la Minolta en automático y posamos los tres, que estábamos disfrazados. El Indio y yo nos habíamos vestido de minas; Kleiman se puso unos anteojitos hippies y le preguntamos: "¿Vos de qué te disfrazaste?". "De fiolo", dijo. "Ah, bueno, vamos." Así que el Indio y yo éramos sus "putas". Entonces cayeron Enrique Symns, el nene [Willy] Crook y un amigote del Indio que vivía en la playa de Valeria y que era más grande que nosotros; tendría la edad del Indio, o más. Lo llamaban el Yaguareté, vivía en pelotas y decía que se bañaba durante todo el año en el mar; tenía como una casita en un árbol y dos mujeres, y lo seguía una bandita de forajidos que respondía a sus órdenes, niños semidesnudos y semianalfabetos... Había que pasar por unos cañaverales para encontrarlo; él no tenía luz, comíamos algo y nos poníamos a escuchar las boludeces que decía este tipo sobre su vida "salvaje". Claro que estábamos a nada más que cinco cuadras del pavimento, por supuesto... Hicimos una murga ese año... estábamos muy al pedo. Nos juntamos primero en lo de Kleiman, después nos fuimos a la casa de la madre del Indio, y pasamos por el centro molestando a la gente que estaba tomando algo. Después nos desparramamos... Yo estaba con una chica, la dejé en su casa y me tuve que volver por la ruta vestido de mina, a las 5 de la mañana, ya era casi de día... A todos nos pasó algo aquella noche, y había mucho subtexto en todo eso. Al otro día, el Indio tomó feo y después de comer cayó al departamentito de Claudio... Me tiré un rato en el sillón. El Indio seguía hablando y hablando, yo en un momento cabeceé y a las 6 de la tarde el Indio me dijo: "Che, me duele la garganta, me voy". Había estado hablando desde el mediodía hasta las 6 de la tarde él solo. Y vos lo único que podías decir era: "Sí, claro". Yo no puedo seguirle el tranco al Indio. Cuando uno le hace una pregunta, él tiene seis posibles respuestas.

Una vez le preguntaron al Indio cuáles eran "las coordenadas" de la cultura rock. Y dijo seis.

"En primer lugar", contestó, "el principio ordenador del placer, desconfiamos de lo que nos hace daño y creemos en lo que nos gratifica.

"En segundo lugar: la necesidad de la diversidad, sólo lo que no tiene identidad sobrevive. Aquellos que poseen identidad –idénticos, luego iguales– son predecibles, ergo manejables.

"Coherente con éste, un tercer punto: no es dogmática, muda constantemente. Tiene como premisa evitar las ideologías para superarlas si el modelo adoptado no funciona.

"En cuarto lugar: es sinónimo de búsqueda y cambio incesante, por eso rescata a los pensadores oscuros o malditos, todos aquellos que escapan a las clasificaciones de las culturas oficiales.

111

"En quinto lugar: es universal. Descree de las patrias, ya que no son los estadistas los que manejan el mundo sino las grandes corporaciones, o sea la mafia.

"En sexto lugar: no es definible. ¿Está claro?"

Palladium está repleto. Son más de mil doscientas personas las que esperan *Oktubre* en octubre de 1986. Aunque el sello Wormo sigue sosteniéndolos, para grabar este disco los Redondos hicieron base en los estudios Panda, los teclados invitados estuvieron a cargo de Daniel Melero y fue Osvel Costa el técnico de grabación responsable de contener y ordenar todo eso que "está muy shangai". Al Indio le gustaba decir que algo estaba *shangai*: quería decir "turbio, sucio". A principios de los 70 había escuchado la frase en el Brasil; se les decía "shangai" a los quioscos de comida, a las multitudes, a todo lo que no estuviera *claro*.

INDIO: Se decía: "Esto está muito shangai", como que era un quilombo, no podías rescatar ni el amor, porque era un descontrol...

La más hermosa
Niña del mundo
Puede dar sólo
Lo que tiene para dar.
Música para pastillas
Y mucha cuchillería.
Pagá, mi amor,
Esto está muy shangai.

Palladium está muy shangai. El Indio, pelado con pelusita y con barba de un día o dos, se ríe cuando lo llaman "Hermano Ganzúa" (los Hermanos Ganzúa eran unos personajes de historieta de Disney, unos presos que aparecían siempre con trajes a rayas y lucían una sombrita negra en la cara: chiva de un par de días sin afeitar). Al frente de la percusión en escena –también había tocado en el disco– asoma Claudio Cornelio (es decir, Claudio Fernández, baterista de Don Cornelio); en órgano

Hammond, Andrés Teocharidis. (Tres meses después, durante el verano, Andrés murió. Otra vez un accidente de auto. Otra vez el Norte. "Aunque con Skay estábamos a miles de kilómetros de distancia", dice el Indio, "y aunque no nos vimos hasta después de las vacaciones, tomamos una decisión en conjunto: no quisimos tocar con otro tecladista".)

La tapa de *Oktubre* es más "conceptual". "Las ideas salieron de una noche de fernet", reconoce Rocambole. "El Indio veía banderas, multitudes. Primero iba a ser todo rojo y negro, pero cuando lo fui haciendo más abstracto le agregué el gris. La tipografía parece soviética al estar invertida una letra. En el reverso se ve la catedral de La Plata en llamas: un símbolo revolucionario. Me resulta raro ver mis obras en remeras y tatuajes: la gente se apropió de cosas como el puño y la cadena, hechas en quince minutos para un aviso..."

"Ella tiene una forma de hacerme creer que es para mí la mejor manzana", canta el Indio.

"Los Redonditos tienen la forma de hacerme creer que son para mí la mejor fruta", escribe Eduardo de la Puente para la revista *Rock & Pop*. Y comulga:

Sábado noche; comienza la misa. Se trata de una religión pagana y pecaminosa, un culto embriagador y hasta ahora misterioso: la exaltación del placer, la sublimación de la sensualidad. Cada nota, cada acorde, cada "¡crum!" en el tacho del Piojo, cada palabra que larga la reventada garganta del Indio Solari es vehículo ideal para atiesar fibras, reventar nucas y –si te animás– sumirte en una sensación de palo intenso, de orgasmo tardío y acompasado.

Los fieles son cerca de 1.200, agotan la cerveza antes del séptimo tema, se compactan al pie del escenario, no temen al rock de sus cuerpos y hasta se bancan gozarlo si "Semen Up" obliga al atrás-adelante en forma natural. El resto no importa; ni Palladium, ni el desbole de la entrada, ni la espera. Y el calor tranformando la platea en el mismo living del infierno; calor pegajoso en pleno Oktubre. (...)

Ojitos hambrientos de "especialista" se posan en las tablas; la vieja idea de que el trabajo no es placer baila en la cabeza y necesito sacudir el deseo para entregar algo de objetividad. ¿Por qué no se puede apartar la vista de lo que pasa ahí arriba? No hay maquillajes, no hay peinados ni vestuario, no hay ballets, no hay figuras "estéticamente atractivas", no hay escena. Algo no encaja. Y cuando la sensación vuelve a subir y la sed es cosquilleo que va del sexo a la garganta las cosas quedan claras: Los Redonditos son la escena, el ballet es Skay desgarbado, los dedos deslizándose solos, el Indio sacudiéndose en un espasmo rítmico. El maquillaje es Patricio Rey haciendo equilibrio en la punta de un seguidor.

Y todo embolsado en el cajón de lo efímero; el concierto se termina. Y como todo lo efímero es mejor gozarlo en el momento, sin pensar en el inesquivable relax posterior. Por eso no puedo explicarte cómo sonaron, ni puedo darte la cantidad de espectadores exacta, ni el color de las luces, ni el neto de las propinas del guardarropa; porque no me calenté en averiguarlo. No me interesó cronometrar, encasillar o trabajar. Los datos me resbalan, ¿okay? Los Redondos son los únicos que me llevan a rascar la alfombra por su amor, a salir con mis huesitos descalabrados y a pensar en la redacción de este comentario como otra fuente más de placer.

Con ellos sos rico por unas pocas monedas.

"Para un salame como yo", dice el Indio, el escenario es el lugar más cómodo, el más claro, el más afín con la manera de mirar que ha encontrado en su vida. "Si tengo que vanagloriarme de algo", se vanagloria, "es del simple hecho de estar a la altura de la vida que me ha tocado vivir".

La vida que le tocó vivir lo llevó a estos fuegos de octubre. ¿Su mejor disco? Hasta entonces, seguro. "Jijiji", ¿el mejor tema?

Este film da una imagen exquisita,
Esos chicos son como bombas pequeñitas.
El mejor camino a la cueva del perico
Para tipos que no duermen por la noche.
No lo soñé…
Ibas corriendo a la deriva ·
No lo soñé…
Los ojos ciegos bien abiertos.

114

INDIO: Para mí es un poco la paranoia de la droga. No lo llamaría de la *experiencia* con las drogas –que en este caso tiene otra pretensión– sino que está hablando simplemente de cuando alguien está a la deriva dentro de esa situación. Independientemente de lo que la gente haya interpretado, para mí se trata de la paranoia, aunque recordemos que "cuando uno está paranoico" no quiere decir que no te estén siguiendo. "No lo soñé...", "en este film..." habla como de una película, parece el típico psicópata que está viendo la película de él mismo en circunstancias en que todos los valores, el prestigio poético de cada palabra, tienen que ver con el estado de paranoia que te da la cocaína, un estado muy reconocible, por otra parte. Y sobre el título... para mí el título es muy significativo. Porque *ji-ji-ji* es una risa medio perversa, marca una bidimensionalidad, es como que todo lo que está diciendo no es ninguna afirmación. Porque si tenemos el cuchillo sobre la mesa, es simplemente un cuchillo, no es bueno ni es malo; la cocaína es una cosa, no es la culpable de nada.

La fiesta del Corpus Christi de 1987 cae un 15 de mayo; esa noche, Alfredo Rosso cruza el patiecito de la casa del Indio en Ramos Mejía y se sienta a charlar con él. Willy Crook, "el hijo de todos", le cuenta el Indio, está a punto de dejar la banda. Se viene un nuevo Cemento, la semana próxima, que acecha abarrotado. Y se abarrota. Lo que sucede allí el 23 de mayo no fue previsto ni por Rosso ni por Solari: desde entre la gente, por adelante, sube al escenario Luca Prodan.

INDIO: No había en esa época una cosa ordenada, como ahora. Era muy happening, en general, el asunto. Luca estaba ahí, fue al camerino, estuvimos charlando, y pintó. Y se subió, y vamos... es así... buena onda...

ROSSO: Todos creían que estaba preparado: *no way*. Luca se mandó en el medio de "Criminal Mambo"... no subió en cualquier tema. ¡Y se les cortó una fase de la luz, además! "Todo preso es político" duró quince minutos, porque tuvieron que hacer una zapada a ver si la luz volvía. Si escuchás la cinta, al final se interrumpe de golpe un tema y el Indio dice: "No volvió": se refería a la fase. Esa fase dominaba ciertos instrumentos, pero no la batería. Entonces el Indio cantaba; la batería estaba, pero no estaban ni la guitarra ni el bajo...

Terminan el show Las Bay Biscuit, cantando una oda titulada "Omar Emir" en tributo a Chabán, el dueño de Cemento. Cuando el Indio se tomó el último bondi a Finisterre, recordó aquellas "canciones heroicas para Omar Chabán".

Pero falta para eso. Habrían de pasar muchas cosas, todavía. Esta noche de Cemento el Indio se seca las manos en camarines y se abraza con unos cuantos que tienen las sonrisas enormes, cariñosas, sinceras. "Soy un rocker", piensa. "Yo, Skay, la Negra." Rocker, según el Indio, es aquel que sabe que no debe perpetuar nada. ¿Pero cómo no perpetuar esto? Yo, Skay, la Negra.

"Yo creo que lo peor es estar solo."

No está solo.

"La soledad es lo más cercano a la muerte. El dolor sólo duele, no mata, gracias a Dios; pero hay que bancárselo."

7

EL ROCKER
O de cómo atrapó un beso bienhechor
con ojos al rojo vivo

Al Indio no le había gustado aquel muchacho. En principio, porque bebía a la par de Baco; eso no sería tan grave, si no fuera porque aquel muchacho bebía a la par de Baco *todo el tiempo*. En segundo lugar, porque se hacía el gracioso. Pero, fundamentalmente, porque tocaba el saxo como el culo. La banda había probado a Roberto Pettinato, que tampoco tocaba bien el saxo pero por lo menos venía de Sumo; después de un par de ensayos, allá lejos y hacía tiempo, Pettinato no volvió a apretar el timbre. Willy Crook, tan gracioso, tan de madera, entró en los Redondos y construyó los cimientos de *Gulp!* y *Oktubre*. Pasaron tres años desde entonces; ahora se está yendo de la banda para siempre.

Willy: El Indio había estado un poquito indignado con mi inserción en las filas, y con toda la razón del mundo... ¡yo no sabía tocar! No puedo decir ahora que sepa tocar; jamás toco solo en casa, pero me puedo expresar siempre que haya un caldo donde tirar el fideo... Gracias a Poli y Skay entré al grupo, ya sea por mi tolerancia a la bebida o por lo gracioso de la conversación. Con el Indio nos mantuvimos sin hablar durante mucho tiempo, hasta que tocamos en el boliche de Fontova, El Goce Pagano; después del primer show nos fuimos los dos a su casa, con una botella de Blender's. Ahí me reveló todas sus cartas el bue-

117

no de Carlos Solari, y nos hicimos amigos. No es una persona excesivamente sociable. Supongo que debe de haber tenido sus cosas buenas y sus cosas malas. Yo, de algún modo, representaba todo lo malo. Pero siempre sentí un gran cariño de él hacia mí. Fue fundamental en mi vida. Entré a la banda con 18 años, y los Redondos fueron mis hermanos mayores. El hecho de que yo confíe en ellos como hermanos no quita lo fundamental: los admiro, se jugaron por algo que hoy parece normal. Ellos han sufrido, han perdido amigos, se han jugado la vida por el rocanrol.

La disciplina fue imbatible: ensayos, ensayos y más ensayos; jamás llegar tarde. Poli lo miraba todo el tiempo como diciendo: "¡Ay, el nene!" con, según Willy, "paciencia de galápago". En cambio, el Indio se ponía loco. Una noche de show, en un camarín, Crook le mordió el culo.

WILLY: Pero si hago la suma y él también la hace al leer esto, nos pasaron cosas muy importantes. Con él era un juego de esquives, porque lo desacomoda mucho la atención: le gusta vivir reservado. Él, Poli y Skay tuvieron un plan coherente y sensible. Me parece que no tuvo desperdicio. Tampoco luego de que yo me abriera de las filas operativas, porque, de algún modo, redondo quedás.

Ahora Willy se va. El Indio sabe que el grupo está mutando y armándose de una buena vez, que muchos amigos fueron y seguirán quedando en el camino. Se acuerda del Mufercho, o del Gonzo Palacios, por ejemplo. Ahora esto es una banda profesional de rock. El Piojo Ábalos y Tito Fargo tampoco están más; llegó el baterista Walter Sidotti, y Sergio Dawi va a reemplazar a Willy. Pero ya nunca habrá una segunda guitarra.

Entonces asoma el disco en cuya tapa hay una muñeca que mira un televisor color. El ojo idiota. A ese ojo le compusieron un baión. Para el Indio es "ese espejo loco". La televisión. Adonde nunca, salvo a la fuerza, irá jamás. *Un baión para el ojo idiota* apareció en 1987 y, sin imaginarlo entonces, aportó a "las bandas" la mitad de sus himnos ricoteros. "Ojalá me estuviera pasando escuchar buenos grupos argentinos", dice el Indio, "y me cago en el hijo de puta de Luca que se murió".

"Soy un rocker", se tranquiliza. Y ahora lo puede definir mejor:

INDIO: Un rocker es muchas cosas, pero por sobre todo un militante artístico, producto de estas tres últimas generaciones, contando de los finales del 40 hasta ahora. Por ahí, un rocker es un tipo que tiene una actitud social contestataria en todo momento y es carente de la inocencia de otros grupos que eligieron otro tipo de vida. También, con un cúmulo de información para saber que si había una revolución, algún cambio, no iba a ser de multitudes bajando a la Casa Blanca o al Kremlin, sino quizás una serie de desafíos revolucionarios que abarcaban a muchos segmentos de la sociedad y a partir de ese concepto se metía en la cultura, en todos lados para decir lo suyo, y no pelear contra un monstruo terrible y poderoso, con armamentos y leyes a su favor. Tengo amigos queridos muertos, de los que me separé tempranamente por esa diferencia en nuestro grado de inocencia. El rockero es un tipo que ha recibido la cultura rocker, lo que le dijeron los "avivagiles"; los William Burroughs, los Norman Mailer y otros tipos con acceso a las intimidades del poder que luego se desenmascararon. Creo que lo que ha hecho un rocker toda su vida es desenmascarar, en mayor o menor medida, con más artificio o más realidad. Aun las canciones que se vehiculizan a través del mercado, tienden a desenmascarar, pese a que estén apretadas por la superestructura. (...) Un rocker es un tipo que como buenamente pueda, a los ponchazos y con toda su ignorancia, pone en la boca del trombón todas aquellas cosas fraudulentas de las que se entera, y las cuenta. (...) La cultura rocker se aplicó en distintas cosas, desde la ecología a lo que carajo fuere. Pero el rocker es un tipo menos inocente, al que le toca resolver una etapa de esa secuencia de desafío revolucionario surgido en un lugar urbano, diferente de lo que se da en Nicaragua, donde lo que se tuvo que agarrar fue la matraca. Quizás acá sea más útil tratar de decirles a tres generaciones de pibes: ¡buena suerte, qué suerte, dale, dale, dale, carajo! Quizás es más útil eso, a la larga, sobre todo porque creo que es logro de la cultura rock. Durante mucho tiempo pensamos que nuestras largas batallas las habíamos perdido, pero nos dimos cuenta de que estuvimos contaminando al sistema. Aun a aquellos que están privilegiados por sus funciones dentro del sistema. La gente creía que podía cargar nafta eternamente, creía en todo esto. Lo fácil hubiera sido que los desposeídos dejaran de crecer...

Un baión... resulta, para Skay, todo un desafío. Es la primera vez que los Redondos graban un disco con una sola guitarra. Dice: "El sonido empieza a cambiar, se vuelve más crudo, más ácido, un poco más agresivo, me parece". Sin duda. La gente se da cuenta, y cada vez son más. Pronto comenzarán a ser demasiados.

El técnico del *Baión...*, Roberto Fernández, estaba trabajando con los GIT en los estudios Del Cielito, propiedad del técnico Gustavo Gauvry. Un día llevó al Indio, a Skay y a la Negra Poli a Castelar.

GUSTAVO GAUVRY: Les gustó el estudio y convinieron en grabar un par de meses después. Fueron muy correctos, muy formales: dejaron la seña con tres meses de anticipación; siempre se manejan así. No son, como suele pasar en este ambiente, tipos que te avisan el día anterior que no van a venir, o que te llaman a último momento para buscar un horario. Son muy organizados y muy serios. Lo que ocurrió fue muy gracioso, porque al mes y medio de esa charla, en enero de 1989 –ellos tenían que grabar en febrero– me llama Poli y me dice: "¿No lo viste a Roberto Fernández?". Yo le digo que no, no lo vi nunca más después de aquel día. "Bueno, porque él quedó en venir a los ensayos y no vino. Si lo ves decile que me llame, que no lo podemos ubicar." Pasan tres días de la fecha de grabación, me llama Poli y me dice: "¿No querés grabar vos el disco?, porque Roberto nunca apareció, no sabemos nada de él...". Y lo hice.

Gauvry sabía muy poco de los Redondos, nunca había ido a ningún show y, por lo que había visto en fotos, la imagen del Indio le parecía adecuada para una banda de hard rock. Una imagen de tipo duro, pensó. Decidió que el disco debería sonar duro.

¡Bang! ¡Bang!!... Estás liquidado. suena duro, estridente y fi-

loso. Según Skay, el técnico consiguió "un sonido críptico bastante interesante. Es como que todo está bastante apretado, muy comprimido y en una misma frecuencia".

GAUVRY: Grabamos todo el mes y la convivencia con ellos fue muy linda; son excelentes personas, muy cálidos. El Indio es muy conversador, es muy *conocedor*, se ve que ha leído mucho; es muy interesante conversar con él. Le encanta charlar y tiene mucho argumento. En lo profesional, él es...

"Hinchapelotas", diría Lito Vitale.

"Inconformista", dice Gustavo Gauvry.

GAUVRY: Nunca le gusta nada, es muy preciosista. Es muy difícil conformarlo. La mayoría de los artistas son así, están como inseguros... La gente por ahí se muere con sus voces y a ellos sus voces no les gustan, quieren que la voz no se escuche prácticamente nada, o tienen una idea pero no saben cómo expresarla. En general, al Indio era difícil conformarlo. Durante la grabación, él estaba siempre como... molesto.

Las letras son tan filosas como el sonido.

Vos creés ser el más fiero,
el más prontuariado aquí,
el animador del juego,
(el condimentador).
Estás buscando un pequeño infierno para vos
donde soportar el fuego de mi ataque de hoy.
Y te esnifo la cabeza cada día más
y me esnifan la cabeza y nada ni nadie nos puede parar.

Sin embargo, el Indio sonríe: ahí está la belleza, escondida, entre grito y grito. Los amigos, asegura.

INDIO: "El baión" era casi una crónica del estado de las cosas, una descripción de ese reflejo absurdo del "ojo idiota". En este caso, por encima de todo apareció la pregunta de por qué seguimos, si este mundo es así, si hay tan poco margen para el optimismo... Por qué carajo tres ilusos como nosotros, o como tanta gente que sigue haciendo algo, seguimos enamorados de la vida, cómo mierda hacemos, porque seguimos siendo los Redonditos de Ricota. Un poco este disco es esto: pintar un poco ese tipo de ilusiones que somos, que encontramos que las pocas razones que hay para seguir haciéndolo (en este camino uno está con amigos, durante años) son esos pequeños pantallazos de la belleza, lo que te conmueve. Ésa podría ser la estética sensible del disco: que se muestre ese plus por el cual cada uno –a pesar de ese estado de cosas– sigue haciéndolo, con amor y entusiasmo. Y con pasión. Pero todavía no hay título que lo abarque, ni hay una imagen que nos ubique. Rocambole está trabajando en eso ahora.

Rocambole se dedica a su trabajo. El Indio se muere por hacer una tapa, pero nunca se mete. Rocambole tiene todo "el aparato": tiene la práctica, tiene la experiencia, tiene todo ese infinito talento. El mundo del diseño es problemático y enorme; mejor no. A seguir escribiendo.

"¡Me pongo el monóculo!", amenaza el Indio. "¡Me pongo el monóculo!"

GAUVRY: Uno lo veía así, todo pelado, con esa expresión, esa imagen que tiene, que parece escapado de un cómic, ¡y uno se lo imaginaba con el monóculo, realmente! Una especie de general o coronel loco del siglo pasado, de algún ejército de Europa del Este. Era muy gracioso. Entonces él está ahí con su monóculo, con cara de pocos amigos; nada le gusta, es muy exigente. Está bueno, también, ser así. Yo terminé estando diez años con ellos y sentí todo el tiempo eso: un alto nivel de exigencia.

Finalmente, después de cuatro larguísimas semanas, ¡*Bang!* ¡*Bang!!*... está liquidado. Pero...

–Mirá, Gustavo, no me gusta cómo quedó, quiero mezclarlo de nuevo.

–Indio, disculpame: a mí sí me gusta, no sé cómo mezclarlo de nuevo... *No lo quiero* mezclar de nuevo. Me parece que esto está bien... Lo que te propongo, si no estás conforme, es que busques otro técnico y que lo mezcle otro técnico.

Para qué se habrá empacado, el Indio, para qué. Este nuevo profesional, Mariano López, no deja que *nadie* entre en el estudio mientras trabaja. Labura solo. Quince días, solo con su alma, Mariano mezcla todo el disco otra vez. El Indio está furioso.

¡Cómo no lo va a dejar entrar! ¡Cómo no lo va a dejar entrar *a él*! ¡Tiene que controlar si todo está bien!

Dos meses después, Gauvry recibe un llamado de Poli:

—Mirá, Gustavo, quisiéramos editar a través de Del Cielito Records...

—Cómo no.

—Ah, y poné aquella mezcla tuya, la primera. Ésa es la mezcla que va a quedar.

Cada vez los sigue más gente. Pronto comenzarán a ser demasiados. Tres, cuatro, cinco mil personas. Skylab, Halley, Airport, Satisfaction... Cualquier lugar queda chico.

Rosso: El Indio siempre se quejaba de que sonaban mal. Un quejoso. Y siempre se quejaba de que le dolía esto, que le dolía lo otro... Por ejemplo, cuando decían: "Vamos a parar ahora quince minutos y después seguimos", y la gente decía "¡¡No!!", él les contestaba: "¿Y qué quieren, loco?, tenemos que descansar un rato". Siempre ese mismo diálogo con el público... ¿Viste cuando Spinetta se pelea, por ejemplo, cuando le dicen: "¡No te mueras nunca!" y les contesta: "Me gustaría, pero uno es humano", y se engancha? ¡La discusión del Indio era siempre por un problema de descanso! En realidad, era como una gimnasia, como un guiño con el público; ya todos sabían. Los Redonditos instituyeron el intervalo. El intervalo en el rock nacional no existe: es un invento de los Redondos. ¿Quién para quince minutos? *El Señor de los Anillos* para quince minutos, las películas largas... Los Redondos siempre pararon en el medio, desde siempre. Hasta cuando tocaron en River pararon quince minutos...

Gauvry: La gente pensaba: "¡Uhh... se deben estar matando!". Esa fantasía de que el grupo está en el camarín fumando el porro más grande... Pero, en realidad, el camarín era una especie de enfermería, donde no volaba una mosca y donde el Indio y los demás estaban totalmente apabullados por el calor y el sofocón. En una época, hasta había un tubo de oxígeno, ahí, para que pudieran tomar un poco de aire. Mal podrían fumarse un porro: yo creo que en esas condiciones se fuman un porro y se mueren.

Porque tampoco eran pibes, ya tenían sus años... Eso era muy gracioso: yo sabía cuál era la realidad del camarín. Lo mismo antes del show: ellos iban a la prueba de sonido y después se quedaban ahí, esperando, cuatro o cinco horas, adentro del camarín, sin hacer nada. Más que un grupo de rockeros reventados, como imaginaba la gente, parecían un equipo de fútbol...

La Plata, Pinar de Rocha, Cemento; tres, cuatro, cinco mil personas. Cualquier lugar queda chico.

Pero ahí está Obras, qué duda cabe.

El Indio siempre se llenó la boca con que jamás iría a tocar a un estadio como Obras Sanitarias. Lo juró, lo prometió, se emperró. Todos creyeron entonces que estaba determinado a no transar con las fanfarrias del Templo del Rock, a no resignar la simpática clandestinidad de sus acciones, a no ensuciar con un cartel de neón la prístina independencia de su bendito estado de ánimo.

El 3 de diciembre de 1989, empujados por la multitud, los Redondos tocaron en Obras. Fue el terremoto mediático. Carlos Polimeni, desde el diario *Sur*, creyó oportuno tildar al Indio de mentiroso y poco coherente con sus actitudes *anti-transa*. "Carlitos del *Sur*, me cago en tu puta boca, periodista genuflexo, advenedizo y yuppie", creyó oportuno responder el Indio, desde el escenario y a los gritos.

La prensa del rock se puso una camiseta, u otra. La tentación de llamar *vendidos* a los Redondos independientes les resultaba francamente deliciosa. Algunos prefirieron cierto (¿simplista?) sentido común: lo que el Indio dijo, lo dijo en su momento; éste es un momento diferente, y por ende no hay "coherencia" que traicionar ni defender. Como fuere, siempre quedaban formuladas más preguntas que respuestas.

Seguramente muy pocos podrán olvidar aquel Obras. El primero, la piedra de la discordia. Por aquellos días, mucho se había dicho sobre la supuesta "vendida" redondita. Y ya nadie quedaría al margen de la historia. Las revistas especializadas y los suplementos compartieron un ir y venir de palabras que, mirando retrospectivamente, habrían de quedar huecas antes de ser dichas o escritas. Obras sí, Obras no. El

Indio dijo que jamás. Pues si fue "jamás", ¡a la mierda con todo! Patri-
cio Rey y sus Redonditos de Ricota tocaron.

Era la primera vez que lo hacían para tanta gente junta (alrede-
dor de 4 mil personas en dos días) y, obviamente, el hecho de generar
tanta convocatoria no hizo más que apuntalar fieramente el estricto
sentido de rock que los Redondos ofrendan a su música. A las 22.30 en
punto, el Indio largó cantando "Unos pocos peligros sensatos" conti-
nuando con el repertorio de "¡Bang! ¡Bang!! Estás liquidado". Beilin-
son, Sidotti, Bucciarelli, Dawi, tomaron sus posiciones estratégicas,
esta vez más cómodamente que en anteriores presentaciones, por la
sencilla razón de que había suficiente espacio. Un seguidor iluminaba a
Skay en los momentos más trascendentales de sus solos, y el Indio,
mientras tanto, bailaba alrededor de su micrófono invitando también al
baile a los miles de redonditos que no dejaron ni por un instante de
cantar y de saltar a pesar del sofocante calor.

Los dos bises de despedida fueron para "Todo un palo" y "Ella
debe estar tan linda", temas pertenecientes a "Un baión para el ojo
idiota".

Eso fue todo. El rock actuó sobre el escenario de Obras, a favor o
en contra sobrevivió a la absurda guerra del no. Las bandas, sin embar-
go, se mantuvieron al margen de tanta historia conocida.

La "absurda guerra del no". Y la del "sí", también. Pero...
—Yo nunca dije que no iríamos a Obras.
¿Cómo?
El periodista Tom Lupo miró al Indio como si el Indio lo
estuviera cargando.
—¿En serio..?
—Nunca dije eso. Lo que sí hablamos es de no ir en ciertas
condiciones. En una época, Obras tenía la política de retener
toda la taquilla un montón de días y entonces tenía que ver con
otro tipo de cuestiones. Me cuesta llamar periodista a alguien
que utiliza su espacio en un diario para sus rencillas personales
y mentir o publicar mentiras sin estar informado.
—¿O sea que fueron a Obras cuando lograron condiciones aptas
para ustedes?
—Por supuesto.

El tema es la plata, entonces. Y se organizan más Obras, entonces. Se reúne una multitud en el campo de hockey, al aire libre. Se juntan miles durante muchas otras noches de shows. En la del 19 de abril de 1991, efectivos de la comisaría 35, en un arresto sin justificación, se llevan de la puerta del estadio a Walter Bulacio, de 17 años, quien muere cinco días después. La seguridad ha pasado a ser un mal chiste. La consigna del festejo queda enterrada bajo las patas de los caballos de la Montada y los puños de los pibes de "las bandas".

Las bandas: los que te siguen "a todas partes". No son ya aquella pequeña multitud de estudiantes universitarios, actores, músicos, bailarines, periodistas, poetas, aventureros y escritores que solían quedarse afuera de los shows en los teatros de San Telmo porque sabían que Poli los haría entrar gratis, a esos quince, a esos treinta, faltando todavía medio recital. Son, ahora, esta revolución de felices exaltados con ojos rojos, que también pretenden quedarse afuera y esperar en la calle a que Poli los haga entrar gratis, a esos mil, a esos dos mil, a esos que esperarán en vano, mal acostumbrados. Esos que se perderán finalmente la fiesta, no sin antes romper todo lo que no camine.

¿Qué pasó aquí? ¿Y cuándo? "Yo veo a los chicos muchísimo menos resentidos que la gente que era de la bohemia en su momento", dice el Indio. "Cada uno tenía su vida y una experiencia no ordinaria de vida que hacía que hubiera algún talante, algún mambo. En cambio, hoy en día, las bandas van a abrazarse, a tomar cerveza y a festejar. Originalmente, los Redondos no eran una banda que nutría a ciertos barrios, que nos siguen ahora, de imágenes. Era todo lo contrario, era medio elitista. Porque la gente que iba a estos reductos *under* no eran chicos de Laferrère ni obreros; eran, en general, artistas. Gente que podía ir a las 4 de la mañana a cualquier sucucho. Ahora hay de todo. Pero, digo, hay una buena cantidad de gente que nos sigue que vive en barrios desangelados. Lo notás cuando vas por ahí y ves las pintadas en Laferrère, en Lugano..."

Las bandas, según el Indio: "Chicos de barrios desangelados, que no saben de discotecas para modelos y estrellas de rock, ni de autos locos, ni de navidades artificiales. Pibitas em-

barazadas que lloran su dolor en una esquina. Chicos bombar-
deados, sin padres ni hermanos, con la esperanza arrodillada a
los pies de la recaudación de un taxi".

Todo ha cambiado.

–¿Vos estás loco, Indio? ¿Cómo vas a dejar afuera "Mi perro
dinamita", que es un rock precioso?

–¡No va, no va! ¡No pega con el resto del disco...!

No siempre los cantantes y letristas de las grandes bandas
de rock tienen, digamos, ojo comercial. "Mi perro dinamita" estuvo a punto de no aparecer en *La mosca y la sopa*. Pero finalmente Solari aflojó, tal vez convencido por los argumentos de su
gente, o bien por simple agotamiento físico-psíquico. Es que el
Indio, cuando discute, se pone fiero como un tártaro; no mueve
el rabo con docilidad.

> *... Ni da la patita, ni hace el muertito*
> *¡y aúlla este rock 'n roll!*
> *Y dice ¡no!, ¡no!, ¡no! y me desobedece*
> *¡No!, ¡no!, ¡no!*
> *y es lo mejor que hace.*
> *Aquí y allá el muy zorrito la va de rififí.*
> *¡Porque éste es su rock 'n roll!*

"Mi perro dinamita", compuesto en parte por el bajista Semilla, es el hit del álbum. Algunos llegan a escucharlo hasta en
una discoteca brasileña de la ciudad de Bahía. Mientras, el Indio
Solari está encerrado en su casa. Si suena el teléfono, deja que
atienda el contestador. A veces atiende Virginia. El Indio no
atiende nunca.

Todo ha cambiado. Los que esperan afuera saben que no
entrarán nunca, pero siguen reclamando su regalo. Hay susto.
En el galpón Autopista Center, en noviembre de 1991, los Redondos meten ocho mil almas por función; el escenario está baji-
to, el sonido es de cuarta, todo resulta un garrón. Se dice que
tocar ahí les reporta más ganancias (a Poli, Skay y el Indio, por-

127

que el resto de la banda cobra simplemente un sueldo) que actuar en un predio adecuado. Después, peor aún: los recitales comienzan a suspenderse. Primero es el Microestadio de Lanús, el primer fin de semana de mayo de 1992, porque la policía se pone como loca y porque la cantidad de gente que pagó su ticket es mayor que la que cabe adentro –"falsificaron entradas con fotocopias color", dice Poli–; dos semanas después les echan flit desde el colegio Sagrado Corazón, de Florencio Varela, un lugar donde entran 3.800 personas aunque los Redondos pretenden vender 9.000 entradas. La muerte de Walter Bulacio sigue royendo los corazones de las bandas; ¿por qué no va el Indio a las marchas organizadas por los compañeros de colegio de Walter y por entidades de derechos humanos, reclamando justicia? "No quiero televisar mi dolor", dice. Poli y Skay y Walter Sidotti y algún otro (¿Semilla?) se sientan a esperar, tomando un café, en la confitería de Independencia y Entre Ríos –donde ahora hay un Blockbuster–; luego marchan, al final de la fila de gente, siempre al final de la fila, hacia el Congreso. Un enjambre de chicos les pide autógrafos. Poli se enoja. No volverán a mostrarse. Algunos periodistas, necios, niegan que parte de los Redondos hubieran estado allí. ¡Que esos chicos muestren sus autógrafos! El Indio no atiende su teléfono. Virginia tampoco. Está puesto el contestador.

INDIO: Yo no soy muy verborrágico en el escenario pero cada vez que hablo en un recital sólo digo cuídense el culo. Yo no puedo proteger a las bandas de la cana que los espera a dos o tres cuadras de acá o en Lugano o Laferrère... Respecto del silencio, en la solicitada que sacamos en *Pan y Circo* y *Piso 93* decíamos que el problema eran los edictos policiales y que tampoco queríamos llorar frente a las cámaras. Podíamos haber ido a las marchas –Skay y Poli fueron a la primera– y ser muy bien vistos, pero hubiéramos estado contribuyendo a la ignorancia de la gente: yo no estoy dispuesto a marchar junto a Varela Cid... Con el oficio que tengo podría haber hecho una canción dedicada a Bulacio en 48 horas, pero no quiero caer en ésa porque, después de que pasaron las cámaras y los diputados, el pobre pibe que murió en esas condiciones ya no importa un carajo. Pero los chicos no se chupan el dedo. A mí las bandas me dieron libertades, nunca me dieron obligaciones. A mí lo que me dijeron es tratá de nunca pensar en función de conveniencia.

En 2003, el Estado argentino reconoció, mediante la firma de un documento oficial, que los derechos humanos de Walter Bulacio y su familia fueron violados. Fue el primer juicio contra el Estado argentino por violaciones de derechos humanos en tiempos de democracia. La causa fue declarada prescripta en noviembre de 2002, pero la Corte Suprema de Justicia la reabrió, de acuerdo a lo ordenado por la Corte Interamericana de Derechos Humanos.

La mosca está en la sopa... Aceptémoslo.

Sentados a la mesa servida están nuestros héroes. Esos tres bombones que creen que arman un gran cacao. Esos que han ganado reputación gracias a los papeles duros y son muñecos vudú de esta sociedad-espectáculo.

El primero de los comensales rechaza de pleno el plato. El segundo quita la mosca del plato y toma la sopa. El tercero exprime la mosca dentro del plato hasta la última gotita y luego la come con fruición.

Mientras tanto, lenta, muy lentamente, se les mete la muerte por donde los monos se meten la manzana.

Queridos amigos, la franela no es como la gamuza. Puede que alguna de estas noches no nos encontremos aquí ya. Puede ser cualquiera de nosotros el que se va al pasado. Allí, un chimpancé viejito atiza el fogón.

Se llama Adán y es tu gran papito, ese mono que ríe, despacito, en la oscuridad. Allí, y para siempre, aprendimos que ciertos fuegos no se encienden frotando dos palitos.

Las bandas chocan y chocan contra las vallas. Las bandas, las vallas, las armas. Birra, porro, barrio. Tetra, remera, mochila, des-ángeles.

CLAUDIO KLEIMAN: El proceso fue gradual. Para los que lo fuimos viviendo, no es que pasaron del Bambalinas a River; eso llevó más de quince años. Para un montón de gente, ir a un show de los Redondos se empezó a volver una aventura complicada. Patricio Rey dejó de ser un grupo de elite universitaria y apareció "el otro público", salido del propio proceso de exclusión social de la realidad argentina. Esa gente vio a un grupo que creyó que no tenía compromisos con el sistema. No fue una manifestación espontánea, fue un proceso gradual. Si algo tuvo que ver la banda en esto, es evitar la condena explícita; los Redondos nunca dijeron: "Che, paren, son unos hijos de puta".

Fernando Sanchez y Daniel Riera escribieron en *La Maga*:

"Nadie sabe muy bien cómo encarar el fenómeno de masas en el cual se ha convertido lo que empezó siendo apenas una buena banda de rock. Lo cierto es que desde la época de la dictadura militar no volvieron a ocurrir incidentes en los recitales de rock como los que se producen durante las actuaciones de los Redondos. Cada vez son más los jóvenes que, además de ver el show, están dispuestos a pelearse por el grupo, enarbolándolo como una especie de bandera de resistencia anti-sistema. Del mismo modo, la policía concurre mal predispuesta a los conciertos de la banda y la considera –de acuerdo con declaraciones de varios agentes– como 'una entidad subversiva que incita a la violencia'. Ante esta situación peligrosa, el grupo, como otras veces, opta por el silencio".

¡A los tiros! A eso de las 22.30, el estado psíquico-físico-sanitario de la Puerta 1 de Obras hervía. Era domingo y, por ende, la última oportunidad de ver a los Redondos en un supuesto espacio grande que, obviamente, se hizo chico. Los que no tenían entrada pechaban por entrar, y los agentes de seguridad trataban de calmar los ánimos sin preocuparse demasiado por los métodos. De pronto, el desbande: puteadas y botellazos contra la bendita puerta. Un policía le daba duro con su "palito de abollar ideologías" a un pobre infeliz incapaz de escapar y ponerse a salvo, lo que caldeó los ánimos de doscientos o trescientos chicos que empezaron a revolear algo más que sus remeras. Repliegues de las fuerzas del orden: toda la policía, vestida de civil, se metió adentro. Las bandas, con el campo libre, se mandaron detrás. Los policías de civil volvieron a salir, alguno de ellos disparó un tiro al aire. Pandemónium: ¿qué se hace? ¿No lo dieron por la tele? ¿Qué pasa?

A un costado, y cuando ya se había calmado todo, alguien intentó hablar con el señor de Seguridad más próximo, igualmente de civil como quien había apretado el gatillo: "Che, loco, no empiecen con los tiros porque se va a pudrir todo...".

"¿Y qué querés? ¡Nos van a matar a nosotros!", exageró el hombre de tarjeta naranja que lo acredita como Seguridad del Club.

"Pero no podés empezar a los tiros, loco", insiste el insistente.

"No sé, pero si cae uno de los nuestros, caen cincuenta de los de ellos", sentenció el gordo.

Muy raro, muy Lelouch, los "unos" y los "otros". Demasiado Lelouch para el Indio Solari, indefectiblemente.

8

LOS UNOS Y EL OTRO
O de cómo estar seguro de si el Indio escucha tu remera

La hinchada está que arde; el Indio le pone hielo a su whisky.
Religiones comparadas.

Señores, dejo todo, me voy a ver al Indio
porque los Redonditos me van a demostrar
que salen a tocar, que tocan rocanrol,
que lo llevan adentro como lo llevo yo.

"[La fama] Se hace difícil, porque vos seguís siendo uno solo,
y esas personas son miles. No creo en el maltrato a la gente que
ha propiciado que vos estés haciendo lo que querés, como querés
y cuando querés. Eso no va. Pero, por otro lado, el chico o la
barrita que viene a tocarte el timbre... Hace veinte minutos
vinieron unos, hace una hora y media vinieron otros, te llamaron
por teléfono... llega un momento en que se hace muy difícil. Tenés
derecho al mal humor."

Vamo los Redó, vamo los Redó,
Vamo los Redó, vamo los Redó,
los redondos son un sentimiento,
no se explica, se lleva bien adentro,
yo por eso te sigo a donde sea,
soy redondo, hasta que me muera.

133

"Soy un tipo de muy mal humor. Tengo un compromiso social que tiene que ver con mi mambo; no interesa si está bien o mal. Tiene que ver con injusticias sociales, que me hacen humillante la vida. Eso me saca de quicio. También tengo que aceptar que en este momento, para mi vida que siempre ha sido austera, no tengo zozobra, puedo alquilar una casa, puedo tomar un taxi, y eso me puede llevar al grado de humillación que siento cuando veo otra contradicción. Me pasa eso, no quiero decir que esté bien, porque ¿por qué uno tiene que sentirse sensible ante la vida de los demás?"

No me arrepiento de este amor
porque me alegra el corazón,
al Indio yo lo sigo a todos lados
por eso cada vez lo quiero más.
Mi droga es tu rocanrol
que late en mi corazón,
te sigo de la cuna hasta al cajón
por eso voy a estar siempre con vos.
¡Vamos, vamos los Redondos!
Siempre te voy a seguir,
esta pasión ricotera es hasta el fin.

"Sé la significación que estas canciones tienen para la gente, pero mi relación de sincronía con el gran público es muy pobre."

- -

Stron5666
Sent: 3/10/2004 5:24 PM
soy ricotero a morir ymi nombre es patricio
sabes una cosa el mundo es redondo y de ricota por eso estoy solari

"El Tata Floreal Ruiz decía: '¿Qué sabe uno por qué la gente lo quiere?'.

"Puedo analizar mi talento. Pero conozco a gente más talentosa en la música y entonces se hace difícil entender. Será que a la gente le rompe tanto las bolas el poder establecido que cuando unos tipos arremeten y triunfan les otorgan un valor agregado. Pero eso solo no toleraría el paso del tiempo. Nos van a ver chicos que podrían ser mis nietos."

- -

From: Teextrañokariybb1
Sent: 3/11/2004 5:04 PM
el ricotero es otra cosa no es lo que vos pensas que es
es una religion que cada cual tiene una funcion que cumplir
y una verdad que
cambiar

From: PEDRO_LaRioja_ricotero
Sent: 3/16/2004 4:22 AM
ser ricotero es saber aceptar q la mosca esta en la sopa en q vivimos en un mundo REDONDO llenos de cuadrados y por eso la sociedad esta como esta!

"Creo que nuestras canciones son crónicas de una época en forma de visiones, pero que se proyectan un poco para adelante. Por ahí tienen, a veces, algo de ciencia ficción. Hablan de cosas que quizá se resuelvan ahora, o han sido resueltas en el último cuarto de siglo y se mezclan con palabras estereotipadas para describir el día de mañana. Mis relatos son eso: visiones de un tipo que describe una visión, con mucho de cómic con un lenguaje fracturado que se da por acumulación. O sea, por la pintura de un mundo de visiones en la que la primera frase no tiene conexión

135

con la segunda y recién en el remate aparece una unidad, en el caso de que se descubra. Seguramente un tipo que tenga mi edad y haya vivido dentro de la cultura rock, pueda leerla con mayor facilidad por el código común de aquella época... (...) Pero lo que yo encuentro de maravilloso es que los chicos que no pueden unir con comodidad una visión, igual participan, se sienten vinculados y la cantan de tal manera que entonces debe de haber en su resonancia estrictamente musical una carga muy especial que trasciende el significado."

— —

MSN GROUPS ROCK NACIONAL CRIMINAL MAMBO
Sent: 3/11/2003 8:00 PM
UY...SOY FANATICO?? SOY FANATICO?? ME MUERO POR SABERLO.......JAJAJAJA......ME GUSTAN LOS REDONDOS... ME PARTEN LA CABEZA....SE ME PONE LA PIEL DE GALLINA EN LOS RECITALES.... HAY TEMAS QUE SON ORGASMICOS... NO ES SUFICIENTE PARA SER RICOTERO??
O SI NO RESPONDIA NADA DE ESTO ES PORQUE NUNCA ESCUCHE NADA DE LOS REDONDOS?? O NO HABER RESPONDIDO ESTO QUIERE DECIR QUE JAMAS ESCUCHE UN TEMA INEDITO??
ANDA A LA MIERDA CHABON...... O SEA.....ME PARECE QUE COMO SOS UN NIÑO QUE NO SIENTE NADA POR LOS REDONDOS....PERO QUE LE VA LA CONVOCATORIA QUE TIENEN ...ENTONCES PARA SER PARTE DE ELLA TE SENTAS A ESTUDIAR....ESO ES LO QUE ME PARECE....
MIERDA....
CRIMINAL MAMBO
CRISTIAN...DE QUILMES...
CHAU

From: Angel de la Soledad_87
Sent: 3/10/2004 4:01 AM
Hola..
...podes ser ricotero,simplemente porq su musica te haga feliz y de alguna manera te llegue...si llevas a los redondos como un escudo,como una marca,como la MEJOR BANDA qconoces,con eso alcanza....lo importante,como anteriormente dije,es q si su musica te hace feliz..son un complemento importantisimo en tu vida...Q MAS KERES!!!!!!!!!
aguANTE LOS REDONDOSSSS!!!!!!!!!1
angel de la soledad**87**cami

"Yo hice el secundario en taxi; siempre que pude no pagué las cuentas pero me tomé buenos vinos; cuando tuve economías mediocres siempre disfruté de cosas que son... ¿burguesas, querés decir? Yo no las llamo así. La cagada no es que vos y yo nos podamos tomar un buen vino, sino que no se lo pueda tomar la gente en general, o que ni siquiera puedan aprender a tomarlo. No hay cosa que les guste más a los poderes establecidos que los artistas mendicantes, los tipos que vos podés comprar por chirolas, te los llevás a dar un par de vueltas en un yate y cuando te querés acordar están remando para vos... Lo ideal sería un artista que tenga su culo bien pagado, para poder ser honesto y no tener que depender del period... del político de turno..."

– –

From: MARIJO
Sent: 2/27/2004 10:13 PM
yo soy ricotera a full y creo que los que dicen que los redondos no existen
son unos chetos que no saben nada de rock, porque antes que cualquier grupo
siempre ban a estar los redondos enn primer lugar

From: gringo22–14
Sent: 2/19/2004 9:48 AM
From: c_o_n_f_i_t_e (Original Message)
Sent: 2/17/2002 7:54 AM
AGUAAAAAAAAANTEN LOS REDONDOS CARAJO!!!!
QUE BUENO QUE HAYAS PUESTO UN PANEL DE
MENSAJES SOBRE LOS REDONDOS DANI!! MENCANTÓ
ESTA, OJALATA ESCRIBAN CHE, PORQUE ESCRIBIR YO
SOLA ME ABURRE!!!
UN BESOOOOOOOOOOO!!! Y AWANTEN LOS REDON2 DE
RIIICOTA!!
CHAU!

From: °oO–è8µ·–Oo°
Sent: 2/17/2002 8:33 AM
ehhhh carajoooo es verdad jajaja como no habian
mensajes!! pero yo como toy al reverendo dope te
respondo flor jajajaja
aguante los redondoooooooooo carajoooooooooooo!!!
mi vieja es mas fanatica ke yo la puta madre jejejeje
hata luegooooooo mis weonessss/asss!!
Barbis

"La retórica de la seducción tiene que ver con la ambigüedad,
no tiene que ver con que vos le bajés línea a la gente. El planteo es
el asunto, no la resolución. Los artistas o la gente que se dedica a
estas cosas como hacer canciones no están para develar el misterio
sino para generarlo. Si yo te pongo un revólver acá arriba, ¿vos
estás a favor o en contra? Un cuchillo no es verdadero o falso, el
asunto es si uno lo agarra del mango o lo agarra de la hoja. Aquel
que genera algo para que haya una resonancia está diciendo: esto
es la calle, esto nos pasa, no estoy diciendo si esto está bien o está
mal. ¿Vos creés que somos ángeles o demonios todo el tiempo?"

138

Qué alegría, qué alegría, olé olé olá,
vamos Indio todavía, que está para tocar,
con esta hinchada loca, haciendo descontrol,
y yo te digo, Indio, que toques rocanrol.
El día que me muera, yo quiero en mi cajón,
una bandera grande, que diga los Redó.

"No podés tener un plan sobre la actitud. Justamente nuestro plan es hacer lo que tengamos ganas cuando se nos ocurra. Y desde ahí decir lo que necesitamos decir sobre lo que uno cree que está capacitado para decir. Y esto no lo estoy diciendo sólo para terceros, también me lo digo a mí. Ya estoy lejos de la militancia joven, donde uno emitía cheques con la lengua que después el culo no podía pagar... Nosotros no somos cultores ni de un género musical; para nosotros la cultura rock es una cultura que tiene un montón de géneros y no me interesa ser un cultor, porque para ser un cultor tenés que ser un conservador y creo en lo contrario, para mí mudar de dogma es una condición básica de alguien que está vivo."

Vamos redondos, pongan huevo,
vayan al frente que se lo pide toda la gente.
Una bandera que diga "Che Guevara"
un par de rocanroles y un porro pa' fumar.
Matar un rati para vengar a Walter
y en toda la Argentina
empieza el carnaval.

-- --

Autor
YO EL MEJOR
Fecha
8/17/00, 08:32:26 LA MUSICA STONE ES UNA MIERDA, APARTE SON TODOS IGUALES NO TIENEN PERSONALIDAD, TODOS CON EL MISMO CORTE, LA MISMA ROPA, PIENSAN Q PORQ TENGAN

ESE CORTE SON MEJORES Q LOS DEMAS, EN CAMBIO LOS **RICOTEROS** SOMOS ORIGINALES, NO NOS CORTAMOS EL PELO IGUAL NI NOS TEÑIMOS DEL MISMO COLOR, PORQ ASI ES LA VIDA DE UN RICOTERO, APARTE LOS ROLLING STONES ES ROCK INTERNACINAL Y LOS REDO SON NACINAL, EN FIN AGUANTEN LOS REDONDOS Y ALMA FUERTE!!!

"Más allá de que yo no tengo derecho a decir que lo que uno hace es poesía, la poesía es lo más cercano que hay a la música, es casi pura forma; (…) en la mayoría de las cosas no estás detallando algo linealmente, o lógicamente, como si fuera una prosa en la que tenés que explicar algo. En general es algo que se lee acá (*se toca el pecho*); por algún motivo una alineación de palabras que elige alguien son conmovedoras y otras no, eso es poesía. Si hay poesía esas cosas tienen que pasar, tienen que leerse acá y ése es un poder que tiene la palabra como lo tiene la música. Las canciones están privilegiadas porque tenés la ventaja de que en una canción hay una música que está confirmando, que está afirmando lo que vos estás diciendo... si tu preocupación fue ésa y lo hiciste bien, es mucho más probable que tu poesía sea conmovedora. Pero de cualquier manera la razón de ser de la poesía es eso, la poesía no se tiene que entender con la cabeza porque si no en ese filtro se pierde casualmente... Tiene que ir directamente al corazón: es ahí donde tienen que leerlo y eso es lo maravilloso que permite que gente que tiene una formación muy dispar, que quizá no ha leído lo mismo que vos, que no está formado de la misma manera que vos, pueda conmoverse y emocionarse ante algo que vos decís. La única razón que justifica eso es que un montón de barreras, o todo aquello que debiera haber aprendido a disfrutar de eso, quedan de lado literal o momentáneamente porque esas letras están sonando, tienen una musicalidad, también están diciendo algo que yo entiendo y me emociono sin necesidad de que pueda describir con pelos y señales de qué carajo me está hablando este tipo. Yo creo que la riqueza está ahí en la recreación, en la complicidad, la poesía necesita una gran carga de complicidad, aun la poesía escrita, esa emoción que uno puede tener cuando lee una poesía es una complicidad íntima que tenés con alguien que escribió algo y que en algún lugar está conmoviéndote de alguna manera que significa. Eso es lo que debe pasar, después si pasa o no pasa es el gran misterio, a gente que aparentemente es más talentosa no le pasa y a gente que por ahí es más patadura, como es el caso nuestro, sí. Evidentemente uno recoge esa necesidad de la gente o está sujeto a las mismas cosas, no sé cómo es, pero dice algo y resuena. Una de las cosas que a uno le llaman la atención es cómo chicos jovencitos pueden estar vinculados con cosas que uno escribe desde una edad más madura de la vida, ya somos hombres muy hechos, y sin embargo vos te das cuenta de que no es que están embelesados en la nada, es más, yo creo que terminás de darte cuenta de la dimensión que tiene lo que decís recién en ese momento. Cosas que vos has escrito desde un lugar a veces hasta medio introspectivo, un lugar solitario, tienen una confirmación cuando ves a esos chicos que están cantando todos a voz en cuello y los ves emocionados. Sinceramente yo los veo a los chicos muy permeables, lo veo cuando rescatan frases y las ponen en sus banderas, no creo que sea azaroso, que podría ser esa frase u otra."

Redondos, Redondos, Redondos;
Redondos no lo pienses más;
andate a tocar a la Luna,
la Luna la vamo a copar.

Policía, policía,
qué amargado se te ve,
cuando tocan los Redondos
tu mujer se va a coger.

RICOTERO–CUMBIERO
26/1/2004
05:01:15
RE: stones vs redondos??
Mensaje:
aguante l cumbia y los redooo....
muerte a los stones

RICOTERA
31/1/2004
00:24:18
RE: stones vs redondos??
Mensaje:
CHE LOKOS!! BASTA, OSEA PORQ LOS YANKIS DEL ORTO
TIENEN Q SER LOS DIOSES? RESPETO MUCHO A LOS
STONES YA Q SON LA MEJOR BANDA Y ME COPAN A
MORIR, PERO LOKA BASTA DE YANKIS NOS TIENEN RE
CONTROLADOS!
AGUANTE TODO LO NACIONAL LOKO!!!
AGUANTE VIEJAS LOCAS Y LOS REDONDOS!!!!

psicodelica mujer
31/1/2004
20:55:24
RE: stones vs redondos??
Mensaje:
y si.. te entiendo, yo creo qhay qapoyara lo q es bueno,
alas bandas buenas de aca hay q ayudarlas a full.. porque
convengamos q hacer rock en la argentina no es ninguna
pavada..
aca van unas palabras de uno de mis dioses personales
(jaja, en mi pequeño corazon El es un dios).. "El rock es
una música ciudadana, es música de inmigrantes en

142

ciudades cosmopolitas (…) y si hay una característica de la cultura del rock es que no cree en los mapas políticos, entronca casi todas las culturas, asimila todas las influencias y es universalista".. (el indio)

"Los pibes pueden decir lo que quieren. A veces pienso que cuando hablo no les conviene a los periodistas porque venden menos, porque nosotros decimos todo el tiempo cosas que desmerecen nuestra imagen pública.

"Las cosas que tienen que ver con el 'aburguesamiento'. Yo soy de clase media; por decirlo de alguna manera, no somos el puto suelo de la miseria. Una de las cosas que facilitó la cultura del rock era que éramos de clase media, entonces podíamos abandonar el televisor y la heladera para ir a vivir a una comuna en pelotas y tomar tripas y qué sé yo. Al que le cuesta abandonarlas es al que no tiene nada: si me costó veinte años tener una heladerita, cómo la voy a quemar para hacer una experiencia. En cambio, un tipo de clase media sabe que siempre hay algo, un tío, lo que sea, que vas a tener otra vez el puto laburo de mierda en un banco pero vas recuperar el televisor, todo eso."

— —

Tu Nombre: german
Mensaje: hola:
aguante el rock nacional
y los redondos es una masa
los **ricoteros** hagamos fuerza que quiero ir a otra misa ricotera
Monday, January 5th 2004 – 10:47:00 PM

Tu Nombre: Florencia
Tu Nombre: fclosredon
Mensaje: sin lugar a dudas la mejor banda de rock nacional fue y

143

seran LOR REDONDOS.Me gustaria que pusieran mas informacion sobre esta excelente banda, para que los pendejos de ahora conozcan lo que es el verdadero rock.

aguante el indio, con su increible voz y skay con sus punteos y melodias que enloquecieron a toda la nacion.

el sueño de todos los **ricoteros**:QUE VUELVEN LOS REDONDOS!!!!!

Friday, December 5th 2003 – 09:46:30 AM

Tu Nombre: Patricio Rey
Mensaje:
ARGENTINA POR SIEMPRE REDONDA Y DE RICOTA... VUELVAN!!!!
Tuesday, November 11th 2003 – 09:13:49 PM

"El único negocio es que prefiero perder un poco de guita con el perfume que llenarme los bolsillos con el olor a bosta. Ahora bien, ¿cómo no vas a disfrutar de un buen vino más que de uno malo, de una caricia más que de una patada en el orto? Lo que me arruinaría sería tener que ser un miserable para poder disfrutar del confort. Pero yo no he tenido guita para pagar el alquiler, y sin embargo en mi casa había champagne. Sí, yo tomé champagne toda mi vida, porque para mí es mucho más importante que tener un Peugeot. Me gustan más esos vicios que ir sacando el brazo por la ventanilla del mejor auto."

– –

Nombre:
El mendigo del Doke
Comentarios:
MATA LA PAGINA LOCO!!!, LA MEJOR DE INTERNET.
SIGAN ASÍ, LOS **RICOTEROS** NECESITAMOS ALGO DE ESTAS CARACTERISTICAS.

144

BASTA DE BARDO EN LOS RECITALES!!!, NO QUIERO LAMEN-
TAR OTRA MUERTE COMO LA DE WALTER, LAS BANDAS NO
NOS MERECEMOS SER TILDADOS DE CHORROS, FALOPEROS
Y QUILOMBEROS (AUNQUE SEAMOS TODO ESO Y MAS TAM-
BIEN).
LE TENEMOS QUE DEMOSTRAR A LA GILADA DE ESTE PAIS
QUE LE HACEMOS EL AGUANTE A LOS REDONDOS EN TODOS
LADOS CUESTE LO QUE CUESTE.
VIVIR, SOLO CUESTA VIDA.
LOS REDONDOS...UN GRAN REMEDIO PARA UN GRAN MAL.

"El asunto de la comprensión es una cosa extraña. Dos por
tres se habla de lo críptico de las letras. A mí me sorprende,
porque en realidad la lírica o la poesía se trata de una cosa
simbólica que explica algo en términos estéticos. No creo en las
letras que son explícitas, creemos en la sugestión, la fantasía y en
la composición. No me interesan como panfleto, hay un misterio
que obra de una manera oracular. Yo supongo que la gente que
grita a voz en cuello cuando no están los de ahí adelante sino que
todo un estadio las está cantando, algo resuena en ellos."

Teque teque, toca toca,
Esta hinchada está re-loca,
somos todos Redonditos
Redonditos de Ricota.
Teque teque, toca toca,
esta hinchada está re-loca,
somos la banda del Indio,
no nos rompan las pelotas.

Nombre:

Dana Yael

Comentarios:

"con los redondos de la gloria a la muerte" .no cambien nunca sigan asi son mi vida Y lo unico que escucho por la "mega 98.3" tengo todos sus discos que me encantan .mi sueño es conocerlos personalmente y tambien que nunca se separen . indio me gustas muchisimo por tu forma de pensar ,opinar y porque sos un potro dejando de lado tus 50 años. ¡AGUANTE LOS REDONDOS X100PRE! los adoro desde hace años todavia no puedo creer que yo este viviendo esta vida con su compania ,fuera de la politica y las boludeces de este mundo en pedo.SALUDOS DE TODO CORAZON... DANA YAEL.

Ingresado el:

07/12/2001

"Hay gente que se mueve como pez en el agua con la fama. Yo, en cambio, me formé en una cultura en la que el anonimato era lo mejor que te podía pasar, porque la popularidad hace que a uno lo estén vigilando todo el tiempo. La fama es como un purgatorio. En cambio, el anonimato es muy recomendable. La gente no sabe casi nada de nosotros, y sin embargo uno es siempre para ellos el más honesto y el que mejor toca."

— —

Nombre:

GonzaKPO

Comentarios:

Aguanten los Redondos!!!
Aguanten los Redondos!!!
Aguanten los Redondos!!!
Aguanten los Redondos!!!
Aguanten los Redondos!!!
Aguanten los Redondos!!!

Ingresado el:

03/11/2001

146

Nombre:
Tomate
Comentarios:
Los Redon2 son la mejor banda de Argentina, ladren lo que ladren los demas, y eso se sabe bien.
Ingresado el:
09/09/2001

Nombre:
Clara
Comentarios:
A los redondos los vamos a seguir hasta donde sea y siempre y cuando nuestra piel no nos deje huir...
Ingresado el:
01/05/2001

"A mí lo único que me fatiga es que uno es una sola personita para atender las voluntades de cariño de muchos. Uno no tiene una personalidad potable para eso, pero, evidentemente, ante toda la riqueza de cosas que se acercan a mi vida, ése es un valor despreciable. Hay gente que se maneja mejor con la fama. También están los que tienen el temperamento para mandar a la mierda a los cholulos. En el caso nuestro, creo que sinceramente no tenemos ningún derecho de hacer destemplanza con chicos que han propiciado que uno esté haciendo música en semejante estado de libertad."

– –

Nombre:

Gonzalo de "Boedo"

Comentarios:

ES UNA MASA TU PAGINA VIEJA AGUANTEN LOS REDONDOS
CARAJO SON LO MEJOR QUE HAY.AGUANTEN LOS REDONDOS
CARAJO.
"BOEDO FIEL A LOS REDONDOS"

Ingresado el:

26/04/2001

Nombre:

ileana

Comentarios:

Hagan lo que hagan Los Redondos,ahì estaremos todos sus amantes
adorandolos en cada recital,en cada bandera.
Los vamos a seguir hasta donde dè y màs allà...
Seguiremos comprando a los hijos del Rey Patricio con los ojos
cerrados...
Seguiremos arriesgando,porque seguimos ganando...siempre.
No nos defraudan y eso no se vende en cualquier lugar.

Ingresado el:

30/11/2000

Nombre:

Susanita

Comentarios:

Hola ricoteros de alma:
Muchos saludos a todos....y como dijo un chico hace poco en Animal
de Radio:
"La Vida es el tiempo que esperamos que transcurra entre una misa
ricotera y la próxima", (o algo similar, no lo recuerdo textual)
Susanita...

Ingresado el:

04/11/2000

Nombre:
Ale
Comentarios:
"Si el mundo es redondo, Patricio es Rey"
Ingresado el:
26/10/2000

tenizzzzta   23/06/2003 22:00
   ehhe eehhe yo digo para para ,
a mi me gustan los redondos , que giles esos punks
que se vardean entre si loko arriva los **ricoteros** somos
mas y no nos peleamo,vieja!!!!!!!!!!!
Host: r200-40-177-148.adinet.

   "Yo me imagino que los obreros no me entienden, pero
necesito tener una solidaridad y estar alineado con la dinámica
en vez de la estática impotente."

— —

Asunto: **[todounpalo] CHACA: MI HEROE DEL WHISKY**
Fecha: Miercoles, 28 de Noviembre, 2001 12:44:37 (−0300)
Autor: **Mariposa Pontiac Karina**
LOS QUIERO Y DEJENSE DE ROMPER LAS PELOTAS CON
LA MALA LECHE, QUE NOS UNA OTRA BANDERA MAS
GRANDE QUE LAS DE LAS CANCHAS, LA DE LOS REDO,
TE ACORDAS CHACA CUANDO EL INDIO DIJO QUE SE
TERMINABAN LAS BANDAS Y QUE TENIA QUE HABER SOLO
UNA BANDA (TE ACORDAS QUE LAS BANDAS SE CAGABAN
A GANCHOS Y A OTRAS COSAS EN LAS ESQUINAS O COMO
EN HURACAN, Y QUE FUESEMOS TODOS REDONDITOS,
REDONDITOS DE RICOTA
COLORIN **c**

"Nosotros somos muy ambiciosos. Nuestra ambición pasa por no tener límites. Cuando sos medianamente ambicioso tu culo tiene tantos ceros en el cheque. Cuando sos un ambicioso estelar y cósmico, no hay guita que compre tu vida. Yo no podría vivir de otra manera. Por más que venga un tipo y me diga: '¿Cuánto querés, un palo verde?'. La vida de uno, con mucha menos guita, ya está. Mientras no tengas la zozobra de la miseria, ya está. El premio mayor no es la guita. Es la libertad."

From: gringo22–14
Sent: 2/19/2004 9:48 AM

payaso:

hay dos cosas muy distintas ser un navo y escuchar los redo .

y por lo visto a vos los redo no te gusta te recomiendo que sigas viviendo dentro de un termo.

con cariño un ricotero

"En la medida en que hay más intercambio de todo y hay más gente, el caos es más grande. Aun los defensores de los derechos humanos tienen un límite, por las cosas que ven. Los pibes que entran a tu casa falopeados te pegan un tiro y matan a una criatura; qué sé yo, hay como un desborde general. Joden ahora con que no hay más códigos en el hampa; se han perdido los códigos en toda la sociedad. Si vos sos un pibe de Villa Diamante, o Villa Fiorito –para hablar de lugares que ni siquiera son Fuerte Apache– tu viejo y tu hermano están al pedo porque no tienen laburo, tu hermano ya en alguna joda, vos tenés 13 años, tu hermano tiene 14, vos estás con otro, empezás choreándote una moto... Si tenés una tele, ves todo el tiempo que para ser alguien tenés que poseer algo que indique que pertenecés al sistema y que no estás marginado, y bueno: sus vidas no valen dos mangos. ¿Por qué va a valer la tuya? Para el pibe que sale a afanarse la recaudación de un taxi, su vida está valiendo 40 pesos, ¿cómo vas a pretender que la tuya, mientras te están apuntando, valga más? Seguramente hay soluciones, pero son de tipo macropolítico, macrosociales; tienen que ver con cómo está el poder en relación con la gente."

Asunto: **[todounpalo] AGUANTE ROSS**
Fecha: Miercoles, 28 de Noviembre, 2001 13:39:39 (–0300)
DESDE ACA TE MANDO MI MEJOR ONDA Y OJALA TE SALGA TODO
BIEN. ESTAMOS TODOS CON VOS
"CUANDO LA NOCHE ES MAS OSCURA SE VIENE EL DIA EN TU CORAZON" INDIO
GERMAN

Asunto: **[todounpalo] NO ME SALE**
Fecha: Jueves, 29 de Noviembre, 2001 09:31:23 (–0300)
HOLA ENCANTOS!!TRATE DE LEVANTARME PILA,PERO NO ME SALE Y NO QUIERO LLENAR MI GALPON DE LUZ
DE MALA ONDA,ANOCHE MI ESTRELLA MAYOR NO ME DEJO DORMIR,TENIA MUCHA FIEBRE Y
DOLOR DE CABEZA MIENTRAS LA MAS PEQUEÑA CON SU INFECCION EN LA PIEL Y YO QUE
NO ENGANCHO UNA.....
ME CAGO EN CUANTO HIJO DE PUTA ANDA SUELTO,MIL VECES ME CAGO EN ELLOS,Y ACA
ME ABRIERON LOS MAILS DE AYER....SIN PALABRAS!!!!
.... LO QUE DEBES COMO PUEDES QUEDARTELO.....

151

SIEMPRE TENGO A MI LADO A
UN DIOS.... VOY JUGANDO DE ACUERDO AL DOLOR,
FICHANDO DEMAS, MI DIOS NO JUEGA
DADOS, QUIZAS, ESTE A MI FAVOR....
.... POR NO CRUZAR EL CHARCO A TIEMPO,ANDO
HECHA MIGAS TIPO ZIPPO,PERO
VOY A ZAFAR,NO QUIERO HACERME MAL LA CUCA....Y
OTRA VEZ ME DIGO ...TODO
TIEMPO PASADO FUE MEJOR!!!!!
BESUKOS
ROSS

Asunto: [todounpalo] Holaaaaaaaaaaaaaa
Fecha: Jueves, 29 de Noviembre, 2001 19:26:52 (−0300)
Hola a todos! Mi nombre es Silvana y soy de Mar del Plata.Me
parece genial que hayan creado esta lista sobre lo mejor que
existe en el pais y le doy muchas gracias a mi viejo por hacerme
conocer esta maravillosa musica,que es un sentimiento,porque
mi corazon es redondo y mi sangre es de ricota.Me despido y les
mando un saludo a todos.
Aguante Patricio Rey !

Asunto: Re: [todounpalo] VALE
Fecha: Sabado, 1 de Diciembre, 2001 01:27:02 (−0300)
Hola a todos ....
ke interpretan por la frase VERTE FELIZ NO ES NADA ?
un abrazo
Jorge

"Nosotros mudamos de dogmas todo el tiempo: imaginate
que se lo quisiéramos trasladar a la gente. Cuando ellos están

creyendo lo que dijimos en el álbum anterior, nosotros estamos diciendo otra cosa."

- -

Asunto: Re: [todounpalo] Y AHORA MIRA....CRECER LAS FLORES DESDE–
Fecha: Lunes, 3 de Diciembre, 2001 09:06:37 (–0300)
CHE MAFFI!! EL VIERNES ANDUVE POR LA ZONA DE NUEVA CORDOBA,ME ACORDE DE
VOS,SABES??ENCONTRE UN RICOTERO LLENOS DE TATUS SU CUERPO CON COSAS DE LOS
REDON....ME DIJE HUUUYYY!! TARIA BUENO LLEVARLO AL GALPON DE LUZ PARA QUE
WATI LE SAQUE ALGUNOS DISEÑOS,EL PROBLEMA ES QUE YO LE COMENTABA AL CHABON
DE NUESTRO TEMPLO Y DEMAS Y EL NO ENGANCHABA UNA Y A MI SE ME TRABABAN LAS
PALABRAS....VOY A CHASQUEAR LA LENGUA UN POCO...VOY A ESCUPIR MISILES....LA
COSA ES QUE EL TIPITO ERA MUY PERO MUY RICOTERO ...JUSTO!!! UN CANIBAL DE MI
ESTILO...LO QUE ME RECETO EL MEDICO...LO TENIA AHY....PERO SE ME PUDRIO
TODO...DESPUES TE CUENTO POR QUE...
EL SABADO ME ESCAPE A BUSCARLO Y NO LO ENCONTRE.......SNIF.SNIF...SNIFF
ROSS

Los Redó, los Redó,
ésta es tu hinchada, la que tiene aguante,
la que te sigue siempre a todas partes
y la que nunca te va a abandonar.

"Otra de las historias es en qué momento te agarra la popularidad. Nosotros tenemos la suerte de que nos agarró medio grandes. Si vos sos pibe comprás todos los bondis que te dan y puede pasar cualquier cosa; cuando sos un poco más grande sabés lo que cuesta. Hay mucha gente que quiere tener algo en el medio artístico y sabe que no hay muchas otras maneras, que necesita promoción: estar en los lugares y aparecer. Nosotros, gracias a Dios, no hemos tenido necesidad de eso. Si hay una queja, está reducida al fastidio de preferir que fueran todos a Racing, que compraran los discos, y después poder ir vos a comer, ir al cine, y que nadie te jodiera. Sería la situación ideal, que como decís vos, no existe. Más allá de la asfixia, o de lo que te provoca el hecho de que en este mismo momento haya miles de personas que están pensando en él (*señala a Skay*) porque están escuchando el disco, o mirando el póster....

"Cuando sos más grande, la personalidad pública puede no ser mejor de la que vos conocés de vos mismo. Es muy fácil cambiarse con el personaje público cuando, de pedo, por algún motivo, vos te sentís medio perejilazo y un buen día, de pronto, la gente cree que sos un capo total. Es muy fácil ser el primero que esté a favor de ser ése. Por ejemplo, Mirtha Legrand. A ella le encanta ser Mirtha Legrand. He leído que cuando va afuera y no la conocen, dice: 'En mi patria yo soy muy famosa...'.

"Creo que, si sos muy joven, quizá tu personalidad pública tiene –hasta para vos– un atractivo que, en tu intimidad, vos y tus amigos no le ven. Cuando ya tenés una vida hecha y respetás tu experiencia, eso de cambiarse por ese monstruo diseñado por miles de voluntades necesitadas de proyectar en alguien, ya no tiene el mismo sentido.

"Si vos tenés una vida muy elemental y lo único que empieza a resultarte certero es que podés pagar los impuestos del año pasado, que podés vivir holgadamente, que te hacen tu documento de identidad en tu casa... Hay un montón de privilegios que tiene el famoso, y si creés que esos privilegios son una meta importante en la vida, bueno, la popularidad y la fama te los dan."

EL AIRE ACONDICIONADO
O de cómo nuestra estrella se agotó. Y era mi lujo.

El Indio blande su *notebook* en su Luzbulo, el búnker privado en el piso de arriba de Luzbola, su estudio privado dentro de
su casona de Parque Leloir, reducto privado. Es de mañana,
como más le gusta. Acaba de venir de hacer *footing* por el parque, pimpante. Sobó los hocicos de sus ovejeros alemanes, ya.
Husmea los sitios ricoteros de Internet, ahora.

¿Éstos me entienden? ¿Quién me entiende? Que el corazón
es redondo y que la sangre es de ricota... Bueno, bien, cuántas
faltas de ortografía. Los desangelados escriben sin ángel, claro.
Sopa, sopa, otra vez sopa.

Pupeto Mastropasqua: ¿Los chicos entienden las letras del Indio? No las entienden literalmente: las entienden *profundamente*;
quiero decir: para ellos hay como una especie de lectura secreta, de
comunicación. Las letras del Indio son como una especie de cebolla
que podés ir deshojando; podés entender la primera hoja, la segunda, la tercera: de acuerdo a tu cultura podés ir haciendo infinitas
lecturas. Estos chicos por ahí conocen "la directa", pero les llega de
una manera que va más allá de un conocimiento intelectual. Las
letras... si se llegan a comprender o no *de verdad*, la pregunta es:
¿qué es *de verdad*? "De verdad" es cuando les llega al corazón como
les llega a ellos, y en eso no hay ninguna postura. Nadie los con-
venció –a ninguno de ellos– de que se hicieran ricoteros; hubo un
canal de comunicación que se estableció solo, y que fue creciendo...

–¿Estos chicos me entienden? ¿Y qué me importa?

MUFERCHO: Si vos encontrás un fan de Patricio que interprete más o menos las letras del Indio, salvo las partes en las que habla de cosas malas, te doy un premio, porque no existe. Últimamente había descubierto una vertiente que es peor aún, que es como obligarlo al otro a hacerse cargo, si es que no se hizo cargo, de una parte mala que quizá no existe en el tipo: se la creás vos. Yo al Indio lo conocí como escritor y me fascinó. Escribía prosa –o poesía "de corrido"–, no eran relatos: eran *impresiones*.

ROCAMBOLE: Lo que pasa es que el mensaje, si es que hay algún mensaje, es tan amplio que resulta como la Biblia: cada persona encuentra en ese mensaje algo que le está destinado. Es así como parejas se enamoraron con la música de los Redondos, se casaron y tuvieron hijos que también fueron ricoteros; así como para algunos intelectuales el Indio es uno de los poetas más reconocidos de la literatura argentina. He visto análisis de la poética del Indio en libros más bien para eruditos, o artículos en revistas literarias. Y también he escuchado a los chicos haciendo sus propios análisis. El fenómeno no es claro; es una cosa que asombró tanto a la gente de afuera como a la gente de adentro. Jamás nadie pensó que aquella fiesta se iba a transformar en esto... Después se encontraron mezclados dentro de una cosa en la cual tenían que hacerse cargo de situaciones económicas, políticas, de todo tipo... El fenómeno creció más que todos los que lo integraban.

PUPETO MASTROPASQUA: Como decía Romero Brest: "Los chicos muchas veces no saben lo que quieren, pero saben lo que *no* quieren"; tienen una visión muy clara de quién les está hablando con verdad. Y en los Redondos –desde que comenzaron, hasta que dejaron de actuar como grupo– siempre el propósito fue el mismo: hacer lo que musicalmente les importaba. Las dos fuentes principales son, sin duda, la música de Skay y las letras del Indio. Pero también el Indio es importante como músico y ahora vamos a verlo pronto, en su disco solista.

Pero falta, para eso.

Lobo suelto, cordero atado (1993) es el primer álbum doble de los Redondos; el Indio había escrito las letras durante unas vacaciones en las prístinas playas de República Dominicana y ahora la mucho más prosaica cancha de Huracán es el escenario: 70 mil ricoteros en noviembre, en dos funciones; 40 mil al año siguiente, en una única noche de mayo; en diciembre, unos 60 mil en dos conciertos.

INDIO: [*¿Por qué Huracán...?*] Porque es muy lindo y no estaba en uso. Creo que el único inconveniente que tenía, no para nosotros porque viste que los chicos fueron igual, es que está en una zona que no es fácil... No es fácil por los barrios. Te acordás de que nos decían: tengan cuidado, son barrios peligrosos, están cerca de las villas y qué sé yo, y debe ser por ese motivo que a la gente no se le ha ocurrido alquilarlo. Porque la disposición de la gente de Huracán es impresionante... Tal vez a un grupo más *fashion* le da no sé qué ir hasta allá...

Los que esperan "la mitad del show para que Poli los deje entrar", como quince años antes lo hicieran cincuenta o cien *cool* del *under*, son ahora más de tres mil personas corriendo furiosas, a toda velocidad, los ojos ciegos bien abiertos, por la calle Colonia, como una formación ferroviaria que enfila directo hacia la entrada del club. "Tengo que abrirles paso", dice Poli. "¿Qué otra cosa puedo hacer?"

Mientras la banda muestra lo mejor sobre el escenario, muchísimos muestran lo peor, dentro de la cancha a oscuras: niños muy pobres y muy pequeños arrancan las mochilas de las chicas; quien los persiga sentirá los golpes, las trompadas y hasta los navajazos de adultos que se agazapan detrás. Mientras el Indio canta "Salando las heridas", en las veredas de afuera se amontonan personas que sangran; en la placita José C. Paz, a la vuelta del estadio, lo que se amontona es el botín de los ladrones: ahí están las zapatillas que faltan, las billeteras vacías, las remeras, las cadenitas, todo a la venta. Podés comprar lo que te falta.

Apuntamos a tu nariz
y hundimos tus pómulos

157

y vos resplandecías
no te quedó sueño por vengar
y ya no esperás que te jueguen limpio
nunca más.

Ya no se puede seguir reuniendo gente en la Capital. Será
en otra parte. Durante meses y meses, el Indio se cansa de San
Carlos en Santa Fe, Santa Fe capital, Concordia en Entre Ríos,
Villa María en Córdoba, Tandil en Buenos Aires... Las bandas se
suben a trenes, ómnibus y combis; invaden las ciudades y los
pueblos, ensucian las calles, lloran de alegría. Los vecinos se
asustan, la policía pega. En 1996, Mar del Plata se encuentra con
Luzbelito ("Creo que *Luzbelito* es el *top* de los Redondos... Ése fue
realmente el sonido que inventaron", se entusiasma Lito Vitale);
al Indio no le importa enterarse de su diploma al mérito Konex
que lo consagra como el mejor cantante de rock de 1995 junto
con Cerati, Mollo, Otero y Spinetta. Un año más tarde, en
Olavarría, 12 mil chicos acampan en las veredas desde dos días
antes del recital; el intendente Helios Eseverri decide firmar un
decreto prohibiendo la actuación de los Redondos. Todos esos
"vándalos" con los que el funcionario tropieza al salir de su edi-
ficio son, definitivamente, como bombas pequeñitas. Entonces el
Indio, por primera vez en su vida, da una conferencia de prensa
en la televisión. Y dice:

"Estos chicos de 12, 13 y 14 años que están ahí ya no están
en estado de inocencia. Porque acá ha pasado algo. No sólo se
nos está prohibiendo tocar, se les está prohibiendo a aquellos,
que por algún motivo que les es propio quieren escuchar esto,
conmoverse con esto".

Anteojos muy oscuros, chaqueta oscura, cigarrillo entre los
dedos. "Hemos tenido una paciencia infinita tratando de no dar
esta conferencia..." Se siente perdido; su cara es una mezcla de-
safiante de fastidio, cordura e incomodidad.

"Estamos acá para avisarles a los chicos que hemos hecho
todo lo posible para que nuestra fiesta estuviera. Hemos dicho
más de una vez que esta banda les pertenece a ellos. Nuestra
postura de no brindar reportajes y permanecer alejados de los

158

medios es porque lo hemos decidido así, porque tenemos la suficiente edad para que, en lugar de bajarles línea a los chicos, los escuchemos. Porque en sus nervios hay mucha más información del futuro que la que los tipos de nuestra edad pueden tener para aconsejarlos.

"Esto es de ellos, y supongo que lo que suceda de ahora en más no será su responsabilidad, sino de aquellos que tendrán que correr con la tribulación de decisiones férreas y firmes que han tomado, yo supongo que con algún tipo de convicción. Vuelvo a pedir disculpas a los chicos por esta decisión incomprensible. El tiempo dirá si esta cosmovisión tan conservadora y pacata es la que va a determinar nuestras vidas."

Cuatro meses después, en Tandil, 21 mil pibes cantan a Patricio bajo la lluvia. En Santa Fe, la semana siguiente, son 15 mil. Y quince heridos (uno por un balazo). Después, Córdoba: disturbios, corridas, palazos. En Racing, 40 mil personas, varios detenidos y heridos por arma blanca.

Último bondi a Finisterre (1998) y *Momo Sampler* (2000) empezaron a brillar con motor de supernova. Todo estaba por explotar. "¡¡Ya copamos Mar del Plata, ya copamos Santa Fe, no nos rompan las pelotas que copamos River Plate!!" En abril de 2000, un chico entre 70 mil chicos saca un cuchillo, lastima a siete, los demás se enojan con él, lo masacran y una semana después muere en el hospital Pirovano. "Qué boludos que son, no parecen redondos, la puta madre que los parió", gritan los *verdaderos* redondos refiriéndose a los redondos *truchoquilomberos*, mientras lo dibujan a cuchillazos a ese que ya no parece redondo, de ninguna manera. Se llamaba Jorge Ríos y le decían *Pelé*. "Fue enviado quién sabe por quién", se enoja el Indio sobre el escenario de River.

"Desde temprano", según vivisecciono *Clarín*, "unos 1.200 policías, acompañados por perros, caballos y camiones hidrantes, habían rodeado la zona. El barrio [de Núñez], que amaneció con las persianas de sus casas bajas y todos sus negocios cerrados, estuvo custodiado durante todo el día por helicópteros y patrulleros." La concesionaria de autos de Libertador y Udaondo saca los vehículos de la vidriera. Más le valdría quitar también la vidriera. El día anterior, la policía mendocina había parado en seco a 143 fanáticos de los Redondos que viajaban a Buenos Aires para no perderse el recital de River; habían robado cervezas y cajas de vino de un mercadito de la ruta. Se pierden el recital, finalmente, detenidos en una comisaría. También se lo pierden 150 heridos –muchos por balas de goma– y varias docenas de detenidos por drogas, robo y disturbios. Los policías se ponen hielo en sus propios chichones con forma de piedrazos.

–Vean esta noche como una de las últimas que tocamos –dice el Indio, cada vez más enojado–. Vamos a continuar con el espectáculo por respeto a los que vinieron de lejos, pero hay un par de hijos de puta que están lastimando gente...

"Éste va a ser el último recital de los Redondos", repite. Escritores redondamente incorrectos, como Federico Wiemeyer, escriben:

Una vuelta un conocido me decía que las canchas de fútbol son hoy lo que antes eran los campos de batalla. El fútbol es la guerra continua de nuestro tiempo. Algunos buscarán deporte, pero otros tantos buscan descargar furia, ira, desazón, frustraciones tan propias de nuestra sociedad, bajo banderas de colores. Y ese ámbito de contienda está avalado por los poderes de turno. Siempre. Otorgan el Pan y Circo de los romanos (aunque el pan últimamente esté faltando).

Y el clima de los Redondos, ya lo puse, es clima de cancha. Está avalado por todos. Por los Redonditos de Ricota, que siguen tocando la guitarrita peposamente mientras sus fans se asesinan; por la policía, que traidora espera agazapada para repartir palazos a justos y a pecadores; por las bandas, que siguen creyendo tener aguante; por el público normal que se resigna a asistir al zoo; y por los poderes políticos a los que, palabras más, palabras menos, les conviene que la juventud esté drogada, encerrada en el circo, y eliminándose a sí misma con ayudita policial.

Admiro su música, extraño sus conciertos como hecho artístico, pero ya no voy a ver a los Redondos. A medida que pasa el tiempo reafirmo que no es una cuestión de evitar riesgos, sino de preferir correrlos por otras cosas. ¿Realmente vale la pena arriesgarse a volver con un balazo en la mandíbula, o en el mejor de los casos tan sólo un

poco apaleado, cuando todo el premio era presenciar un recital? ¿Su-
birse, literalmente, a un tren prolijamente violento cargado de bestias
para ir a escuchar a un fulano que me habla de "tipos que soplan con el
viento al rebaño y su temor"? ¿De qué estamos hablando? ¿Dónde está
el rebaño? ¿Yo? Pero no, carajo, ¡si hasta tengo una remera del Che
que pintó mi novia!

CLAUDIO KLEIMAN: El Indio es un tipo que, si fuera por el re-
conocimiento de la gente, tendría que sentirse más que contento,
pero es como que le falta... Es consecuencia de su ego desmedi-
do. Y su ego es lo que lo impulsa a seguir y a mejorar... Tenés
que tener una ambición medio desmedida para llegar a llenar el
estadio de River; no se llega de casualidad a eso. Skay también
tenía ese nivel de ambición, pero no lo manifestaba como el Indio; no podrían haber convivido dos Indios en un solo grupo:
tiene que haber un yin y un yang. Skay es un tipo que durante
veintipico de años laburó todos los días de su vida por los Redondos: también tenés que tener eso para llenar un estadio de
River. Se dio como una complementación de personalidades y
de roles y, lo que es fundamental, una complementación crea-
tiva, que produjo una dupla autoral fantástica.

"Estos quilombos no hacen más que acelerar el fin de la
banda", avisa el Indio.

Los Redondos deciden tocar fuera de la Argentina. A fines
de abril de 2001, llenan el estadio Centenario de Montevideo.

POLI: El tema de tener que salir del país implica que los me-
nores viajen con autorización de los padres y que todos deban
mostrar documentos. Eso va a desalentar a la gente que tiene in-
tenciones violentas y no de escuchar en paz un recital de rock.

Por las dudas, medio millar de hombres de seguridad (entre policías y civiles) se hacen cargo de la sugerencia. Poco más
de cuatro meses después, el 4 de agosto de 2001, los Redondos
llenan otro estadio: el Chateau Carreras de Córdoba. Quedan
detenidas diez personas que habían hecho destrozos en el cam-
ping municipal, donde acampaban cientos; luego de romper a
patadas la proveeduría, se habían alzado con diez cajas de
fernet, diez cartones de cigarrillos, quince cajones de cerveza y,

para prevenir la acidez, un montón de fiambre. Luego hay 104 detenidos más, y también balas de goma. Un pibe santafesino, Jorge Daniel Filippi, cae al foso y fallece camino del hospital.

El 2 de noviembre de 2001, en coincidencia con la fecha de un recital en Santa Fe que jamás llegó a hacerse, los Redondos deciden tomarse un año sabático. "No hay por qué estar inquietos", sonríe Poli a los fans.

Un año después, Skay y Poli no habían vuelto a ver al Indio ni a hablar por teléfono con él. El guitarrista presenta *A través del Mar de los Sargazos,* su primer álbum como solista, y confirma en el bajo de su banda a Claudio Quartero, hijo de Poli y ex auxiliar de producción y responsable de la seguridad de los Redondos. Al Indio no le gusta ese hombre. Skay desmiente haberse agarrado a las piñas con el Indio.

POLI: Bueno, un año sabático no tiene que durar exactamente un año. Pueden ser dos, tres años. Quién sabe.

El sueño se terminó.

La ciudad jardín Parque Leloir, reserva ecológica, fue diseñada por el célebre Carlos Thays: árboles centenarios, paisaje agreste, lotes a 90 mil dólares. Alguna vez, se acuerda el Indio, cuando vivía cerca de la playa, tuvo vecinos ilustres como Leopoldo Marechal. Ahora, desde hace una eternidad, está en el medio del campo –pero a sólo quince minutos de Puerto Madero, como gustan promover las inmobiliarias de la zona–, rodeado por Moria Casán, Carlín Calvo y Gabriela Sabatini.

"Dicen que fueron unos antropólogos a ver una tribu muy primitiva", cuenta el Indio. "Era una tribu forrajera, propiamente, en el estado más primitivo que se conoce. Y les preguntaban si creían en una especie de paraíso. Los tipos decían que sí. Entonces les preguntaban cómo era ese paraíso, y los tipos decían que era igual que sus vidas, pero sin enfermedades... Creo que a nosotros no se nos ocurriría que el paraíso fuera *igual que esta vida pero sin enfermedades,* ¿no? Bueno, cambiaríamos todo, ¿verdad? Eso es lo que ha pasado en este momento. El sistema... Los premios que te da son horrendos. No hay posibilidad de creer en él. Aun siendo o transformándote en un canalla que tiene acceso al poder, estás sujeto al temor de aquellos desposeídos que, esclavizados en este sistema, son los que bancan tu estado de depredación, de dilapidación de dinero. Y eso se siente.

"Hace poco, en una revista, di la visión de ese poderoso que tiene a su hijo en una mansión con un gran parque", concluye el Indio. "Pero hay cámaras de video barriendo ese parque, porque del otro lado de la verja estan los desposeídos que le van a cortar la oreja, te la van a mandar en un sobre y te van a cobrar el rescate."

Lo había dicho antes, a un periodista del "No" de *Página/12*: "En esta era, ser poderoso es tener una gran mansión, rodeada de verjas, perros y cámaras de video que protegen a tu nene que está jugando en el parque con los guardaespaldas...".

Para entonces, Bruno no había nacido. Hoy tiene 4 años y juega en el parque grande.

Solari ha pasado años dentro de su casa-mansión con cámaras de video y con perros, sin demasiado contacto con el exterior de las verjas. Como mucho, alguna escapada al cine. O a comer a la ruta, a uno de esos restaurantes-parrillas-de autor que tanto alimentan su hernia de hiato y tanto succionan su bolsillo. Nada más. Y los shows de los Redondos, claro. Conciertos que fueron comiéndose su propia seguridad, y hasta parte de su propia historia.

"No soy muy afecto a los reportajes, porque creo que el personaje pierde misterio, enigma", dice el Indio.

Lo que no quiere es que nadie se dé cuenta de nada.

Gustavo Gauvry: "Un día, me acuerdo, el Indio apareció disfrazado en el estudio y no lo reconocí, porque estaba con una peluca y un sombrero... Salía disfrazado a la calle. Le encantaba ir a [la disquería] El Agujerito a comprar discos; ésa era su salida predilecta. Cuando viajábamos, lo que más disfrutaba era que nadie lo conociera... Yo lo que le criticaría es eso: que tal vez es demasiado cerrado. Y mantiene esa privacidad de una manera obsesiva, casi enfermiza. Me parece lógico que la quiera mantener frente al público, que quiera proteger esa imagen que se creó, pero con gente con la que conviviste tantos años... qué sé yo, siento eso, como que me cuesta comunicarme con él. Cuando murió mi vieja, sin embargo, él fue una de las pocas personas, fuera de mi ámbito familiar, que me llamó por teléfono; por lo general, en ese tipo de situaciones límite la gente se borra, y él me tiró la mejor onda... Cuando nació su hijo lo llamé, pero siempre está el contestador; le dejé un mensaje y nunca me devolvió el llamado... me parece raro. Teníamos una amistad, y siento que en los últimos años eso se ha perdido por completo, como de la mañana a la noche.

Isa Portugheis: Al Indio lo tengo... perdido. Si ya era introvertido cuando empezó con todo el tema de la popularidad, después se metió más adentro que nunca y una vez, no sé cuándo, pasó por un lugar donde yo estaba, y le pedí su teléfono. Me lo anotó y me dijo: "No se lo des a nadie"... Ya estaba paranoico con el tema. Y creo que fue la última vez que hablamos.

Indio: Bueno, a mí la multitud no es lo que más me gusta, estando abajo... Estando arriba, sí. Pero aparte, también, está el tema este de la popularidad. Hay gente que se maneja bien, y yo no me manejo bien.

Por eso estos labios crispados, ahora, que tiene que abrir las puertas de su casa. Es tiempo de bingo fuel.

Pasaron los años. Skay ya tiene un segundo álbum: *Talismán*. La gente había comenzado a creer que el debut solista del Indio nunca vería la luz. Por aquello del monóculo (la obsesión), por aquello de cambiar de estudio una y otra vez y arrancar de nuevo con lo que ya está casi listo (el inconformismo), por aquello de variar los plazos –primero abril, luego agosto como "última fecha", finalmente diciembre–: el hinchapelotas. Ochenta mil copias vendidas de golpe, y esto recién empieza: el poderoso.

Indio presenta a Los Fundamentalistas del Aire Acondicionado en: El tesoro de los inocentes (Bingo Fuel) es una obra a la que hay que arañar hasta perforar su carozo. Tiene ese sonido per-fec-to que Solari siempre ha buscado; todo es meticuloso, todo muy 4.40 [la afinación ideal de cada instrumento, de cada ruido, hasta de cada silencio]; todo es tan precioso como la inocencia de

Bruno, a quien está dedicado. La inocencia de los niños es la inocencia prehistórica, dice el Indio.

PUPETO: Lo que le ha cambiado la vida, lo que le ha producido un quiebre, es el nacimiento de su hijo Bruno. Esas cosas él no las explica, pero yo siento que el Indio está realmente muy *conceptual*. Tiene una pareja fantástica y su hijo ha sido un acontecimiento... como lo es para todos, pero, quiero decir: a él, como lo tuvo un poco más de grande que lo común, le debe haber pegado más fuerte. Tiene una adoración por el nene... Al Indio le hizo muy bien tener un hijo.

El Indio manda preparar café y traer medialunas para recibir a los cardúmenes de periodistas que promoverán el álbum. Nunca, en toda la historia del rock en la Argentina, la aparición de un trabajo discográfico disparó semejante polvareda mediática. Al Indio le esperan semanas de *calvario*. Después de cuatro años de confinamiento, trabajo y autismo, tiene que hacer lo que dice que menos le gusta hacer (exponerse), para lo cual deberá hacer algo de lo que más le gusta hacer (hablar).

Se queja de que tiene que contestar siempre lo mismo ante preguntas que le resultan parecidas. En otras palabras: generalmente repite las mismas cosas. O, podría decirse, lo que no le falta es coherencia.

"La libertad tiene, a veces, un costo que es la soledad", había dicho en 1994 a la revista *Humor*.

"Cuando uno es muy ambicioso con respecto a la libertad, el precio es la soledad", confirma a fines de 2004, diez años más tarde, a la revista *TXT*.

"La libertad tiene el precio de la soledad, es así", reitera una semana después a *Los Inrockuptibles*.

Trece años después de "Toxi-Taxi", Luis María Canosa vuelve a vivir en los versos del Indio. "Pabellón séptimo" cuenta el motín de Devoto desde el humo, la asfixia, la impiedad y el terror. *Crónicas de muertes silenciadas*, el libro de Elías Neuman sobre la masacre carcelaria del 14 de marzo de 1978, está en el estante de arriba de la pequeña biblioteca de Luzbulo. En tiempos de Blumberg, piensa el Indio, yo vengo a cantar por los presos. Siempre tan a contrapelo, se festeja.

Pero ahora hay que poner la cara y la casa, y eso no se festeja. Los grupos de periodistas, que están como locos por lo excitante de la aventura, son prolijamente transportados por Martín, el asistente del Indio, quien los recoge en sus propias casas y los deposita en Parque Leloir. Nada de cronistas deambulando por el barrio ni preguntando a los vecinos: "Sabemos que aquí vive el Indio Solari. ¿Podría decirnos exactamente dónde?".

Él no quiere que nadie se dé cuenta de nada. Y se le nota mucho. Por eso, todos los diarios y las revistas que en simultáneo tapizan Buenos Aires con la misma foto en sus portadas creen necesario –y todos al mismo tiempo– ofrecer a sus lectores los detalles de sus respectivas proezas dignas de Indiana Jones: por primera vez les contamos –hoy y sólo por hoy está abierta al público– cómo es la Graceland del Oeste.

Revela *Los Inrockuptibles*: "El jeep blanco corre rápido por las callecitas indecisas de Parque Leloir, allí donde la tranquilidad tiene forma de laberinto arbolado y arquitectura de fin de semana. Las casas cotizan entre la sencillez, el confort suntuoso y el mal gusto adinerado, pero ninguna altera la visual de refugios ideales para perderse en ese country público a quince minutos de autopista desde Capital. Martín, el asistente del Indio Solari, conduce en silencio. Cuando se abre el portón negro, advierte: 'No bajen hasta que guarde a los perros', dos o tres ovejeros alemanes que husmean alrededor del Land Rover en ronda de prevención".

Revela *Rolling Stone*: "Un asistente del Indio Solari, muy gauchito él, nos invita a subir a una Land Rover blanca y conduce en dirección a la residencia. Al final de un camino polvoriento, después de atravesar quintas y ranchos, el portón negro se abre con un chasquido y una pequeña jauría de ovejeros se conmueve alrededor del jeep. Se nos pide que no bajemos hasta que los perros más bravos estén guardados.

"En el primer piso está su base de operaciones artísticas. Es un ambiente diseñado a la medida de un fundamentalista del aire acondicionado: un *split* sopla una brisa polar y un televisor con la pantalla dividida en cuatro devuelve imágenes de las cámaras de seguridad. (…) Junto al sofá, la mesa ratona sostiene el café, las medialunas...".

Revela *La Mano*: "Los perros no ladran y están a buen resguardo, tranquera de por medio. Sólo un leve gruñido protestón despide a la comitiva que invade los aposentos de su amo. ¿Qué pensarán las bestias de ese súbito enjambre de curiosos que en los últimos días ha quebrado la modorra pastoril del apartado barrio del Oeste, entrando y saliendo con sus libretas, grabadores y preguntas? La cita es en el primer piso, donde el Indio tiene su sancto sanctorum. El sol, que ya viene filoso en este final de noviembre, se filtra desde el jardín por la persiana americana, pero el calor es detenido por un fundamentalista del aire acondicionado. (…) En la mesa ratona hay un termo de café pesado –¡lleno!– y medialunas".

Revela el "Sí" de *Clarín*: "Realidad: un portón que se abre a control remoto, una advertencia del chofer ('no bajes hasta que chequee que los perros están atados'), una caminata hasta una construcción de dos pisos, una escalera, una recámara con discos, libros y monitor de circuito cerrado de TV".

Bruno juega en el gran parque, vigilado por el circuito cerrado de TV. Papi está dando notas ahí adentro de la casa, ahora que los perros están atados.

A sus interlocutores, el hombre ilustrado les regala una primicia con respecto a la utilización de su tiempo libre:

–Tenía ganas de leer *El cuarteto de Alejandría…* –confiesa a *Rolling Stone*.

–Hacía rato que quería volver a leer *El cuarteto de Alejandría…* –devela a *Los Inrockuptibles*.

"Volvió a devorar *El cuarteto de Alejandría…*", saca a la luz *TXT*.

También les ofrece una exclusiva con respecto a su visión de la muerte y el más allá.

–Cuando este velador Carlitos Solari se apague, creo que se apaga y chau –admite a *La Mano*.

–Creo que uno se apaga como un velador. Y chau –se desnuda frente a *TXT*.

–No tengo ninguna religión efectiva ni me apaña ni protege ningún cielo con huríes... Para mí, el velador se apaga y se apaga (...) Creo en la finitud de mi vida, Carlitos se apaga –sentencia a *Los Inrockuptibles*.

Se divierte pero se incomoda. Lo importante es el disco. ¿Quién me entiende? La caja del compact muestra dibujos sueltos que vienen desde *Gulp!* e incluso antes: incluye el afiche de la gira mágica y misteriosa a Salta. ¿Quién me entiende? "¡Me preocupo en hacer el packaging del álbum como un folleto del MOMA [Museo de Arte Moderno de Nueva York] y a Mario Pergolini, cuando lo ve, le parece un folleto del MALBA [Museo de Arte Latinoamericano de Buenos Aires]!"

Le dice a *TXT*: "Las canciones no cambian el mundo, por supuesto. Pero hubo canciones que cambiaron mi mirada del mundo". Le explica a *Rolling Stone*: "Que una canción no cambia el mundo... No, no cambia el mundo, pero hay canciones que me hicieron cambiar *mi* mirada sobre el mundo". Le confía a *Clarín*: "Yo estoy desaforado cuando veo a los pibes de las bandas nuevas diciendo: 'No hay que tomarse las cosas en serio' o 'una canción no cambia el mundo'. Esto último puede ser cierto, pero para alguien como yo, que tiene una noción constructivista de la vida, si algo cambió mi mirada, cambió el mundo". Entonces, de golpe, le abre el corazón a Mario Pergolini: "Ciertas canciones cambiaron mi mirada del mundo".

Se acaban el café y las medialunas.

Se acaba lo que hay para contar. Ya no tiene más ganas de contar nada.

¡Ojo con los perros! ¡Las visitas se van! Desbordan los grabadores de palabras, chorrean palabras de las orejas, de las biromes, de las cabezas. Quedan palabras sobre la alfombra de Luzbulo; las barrerá luego. Apoya el vaso sobre la mesita ratona. Ahora que tengo una banda, piensa el Indio, voy a salir a tocar. Si estuviera Poli sería más fácil, si alguien llevara esas riendas que no quiero tensar ni aflojar: "Siempre está bueno que alguien se ocupe de hacer bien lo que a uno no le gusta...".

Largan los perros otra vez.

"Es que sin aire acondicionado la vida no vale la pena", bromea.

¿Habrán entendido?

Él no quiere que nadie se dé cuenta de nada.

Igual, nadie se da cuenta de nada.

FUENTES Y REFERENCIAS

CAPÍTULO 1

Pág. 13

Declaraciones de Fenton al equipo periodístico de la autora (2003).

Pág. 14

Declaraciones de Gustavo Gauvry al equipo periodístico de la autora (2004).

Declaraciones de Rafa Hernández a la autora (2004).

Pág. 15

Pupeto Mastropasqua al equipo periodístico de la autora (2004).

Pág. 16

Pupeto Mastropasqua al equipo periodístico de la autora (2004).

Fenton al equipo periodístico de la autora (2003).

Pág. 17

Déborah Brandwajman al equipo periodístico de la autora (2003).

Pág. 18

Déborah Brandwajman al equipo periodístico de la autora (2003).

Pág. 19

Déborah Brandwajman al equipo periodístico de la autora (2003).

Fenton al equipo periodístico de la autora (2003).

Pág. 20

Declaraciones de Ricky Rodrigo a la autora (2004).

Willy Crook al equipo periodístico de la autora (2003).

Pág. 21

Isa Portugheis al equipo periodístico de la autora (2004).

Declaraciones de Indio Solari a *Rolling Stone* (2000).

Declaraciones de Indio Solari a *La García* (2001).

Isa Portugheis al equipo periodístico de la autora (2004).

171

Pág. 22
Ricky Rodrigo a la autora (2004).
Rocambole a la autora (2004).
Pág. 23
Declaraciones de Indio Solari a *La García* (2001).
Rafa Hernández a la autora (2004).
Indio Solari al "Sí" de *Clarín* (1998).
Pág. 24
Rocambole a la autora (2004).

CAPÍTULO 2
Pág. 26
Rocambole a la autora (2004).
Pág. 27
Rocambole a la autora (2004).
Pág. 28
Rocambole a la autora (2004).
Pág. 30
Poli a la autora (2004).
Pág. 31
Rocambole a la autora (2004).
Fenton al equipo periodístico de la autora (2003).
Rocambole a la autora (2004).
Pág. 32
Rocambole a la autora (2004).
Pág. 33
Indio a *Generación X* (1994).
Declaraciones de Poli a la autora (2004).
Pág. 34
Skay a Claudio Kleiman, *Página/12* (2002).
Pág. 35
Skay a *Página/12* (2002).
Poli a la autora (2004).
Pág. 36
Skay a *Página/12* (2002).
Rocambole a la autora (2004).

Pág. 37
Declaraciones de Rocambole a la autora (2004).
Pág. 38
Rocambole a la autora (2004).
Pág. 39
Rocambole a la autora (2004).
Pág. 40
Rocambole a la autora (2004).
Skay a *Página/12* (2002).
Pág. 41
Rocambole a la autora (2004).

CAPÍTULO 3
Pág. 43
Indio a *La García* (2001).
Pág. 44
Fenton al equipo periodístico de la autora (2003).
Quique Peñas al equipo periodístico de la autora (2004).
Pág. 45
Indio a *La García* (2001).
Declaraciones de Mufercho a la autora (2004).
Declaraciones de Ricky Rodrigo a la autora (2004).
Pág. 46
Ricky Rodrigo a la autora (2004).
Pág. 47
Ricky Rodrigo a la autora (2004).
Pág. 48
Ricky Rodrigo a la autora (2004).
Rocambole a la autora (2004).
Pág. 49
Quique Peñas al equipo periodístico de la autora (2004).
Indio al programa radial *Submarino amarillo* (1987).
Pág. 50
Ricky Rodrigo a la autora (2004).
Skay a *Página/12* (2002).

Pág. 51
Basilio Rodrigo al equipo periodístico de la autora (2003).
Fenton al equipo periodístico de la autora (2003).
Mufercho a la autora (2004).
Pág. 52
Indio a *Generación X* (1994).
Claudio Kleiman a la autora (2004).
Basilio Rodrigo al equipo periodístico de la autora (2003).
Pág. 53
Basilio Rodrigo al equipo periodístico de la autora (2003).
Ricky Rodrigo a la autora (2004).
Mufercho a la autora (2004).
Pág. 54
Rocambole a la autora (2004).
Skay a *Página/12* (2002).

CAPÍTULO 4
Pág. 56
Poli a la autora (2004).
Rocambole a la autora (2004).
Pág. 57
Fenton al equipo periodístico de la autora (2003).
Pág. 58
Poli a la autora (2004).
Pág. 59
Indio a Pablo Álvarez y Daniel Maestro Sabino (1988).
Mufercho a la autora (2004).
Declaraciones de Ricky Rodrigo a la autora (2004).
Pág. 60
Ricky Rodrigo a la autora (2004).
Rocambole a la autora (2004).
Mufercho a la autora (2004).
Pág. 61
Mufercho a la autora (2004).
Poli a la autora (2004).
Rocambole a la autora (2004).

Pág. 62

Quique Peñas al equipo periodístico de la autora (2004).

Mufercho a la autora (2004).

Pág. 63

Poli a la autora (2004).

Textuales de la grabación del recital de los Redondos en El Polaco, Salta (1978).

Mufercho a la autora (2004).

Pág. 64

Textuales de la grabación del recital de los Redondos en El Polaco, Salta (1978).

Pág. 65

Textuales de la grabación del recital de los Redondos en El Polaco, Salta (1978).

Pág. 66

Mufercho a la autora (2004).

Pág. 67

Mufercho a la autora (2004).

Poli a la autora (2004).

Mufercho a la autora (2004).

Pág. 68

Basilio Rodrigo al equipo periodístico de la autora (2003).

Pág. 69

Claudio Kleiman a la autora (2004).

Nota de Claudio Kleiman publicada en *Expreso Imaginario* (1978).

Pág. 70

Claudio Kleiman a la autora (2004).

CAPÍTULO 5

Pág. 74

Quique Peñas al equipo periodístico de la autora (2004).

Poli a la autora (2004).

Gustavo Noya a la autora (2004).

Pág. 75

Gustavo Noya a la autora (2004).

Nota de Claudio Kleiman publicada en *Expreso Imaginario* (1978).

Pág. 77
Gustavo Noya a la autora (2004).
Pág. 78
Gustavo Noya a la autora (2004).
Pág. 80
Nota de Claudio Kleiman publicada en *Expreso Imaginario* (1979).
Pág. 85
Indio a Tom Lupo (1987).
Pág. 87
Poli a la autora, *Humor* (1984).
Pág. 89
Isa Portugheis a la autora (2004).
Pág. 90
Fragmento de la nota de Víctor Pintos publicada en *Expreso Imaginario* (1982).
Mufercho a la autora (2004).
Poli a la autora (2004).
Pág. 91
Indio a la autora, *Humor* (1984).
Indio a la autora, *Humor* (1984).
Pág. 92
Indio para una revista under de Mar del Plata (1988).
Volante/declaración firmada por "Patricio Rey", atribuido al Indio, circa 1983.
Pág. 94
Quique Peñas al equipo periodístico de la autora (2004).
Indio a Mario Pergolini, Lalo Mir y Bobby Flores, FM Rock & Pop (abril 2000).
Pág. 95
Nota de Federico Oldenburg publicada en *Pelo* (1984).
Pág. 96
Indio a Mario Pergolini, Lalo Mir y Bobby Flores, FM Rock & Pop (abril 2000).
Enrique Symns para un libro sobre los Redonditos de Ricota.
Indio a una revista under de Mar del Plata (1988).
Pág. 97
Declaraciones de Fenton al equipo periodístico de la autora (2003).

Poli a la autora (2004).
Indio a una revista under de Mar del Plata (1988).
Pág. 98
Poli a la autora (2004).
Alfredo Rosso a la autora (2004).
Mufercho a la autora (2004).
Pág. 99
Mufercho a la autora (2004).

CAPÍTULO 6
Pág. 101
Declaraciones de Rafa Hernández a la autora (2004).
Pág. 102
Rafa Hernández a la autora (2004).
Indio a la revista *Un huevo y medio* (1988).
Pág. 103
Alfredo Rosso a la autora (2004).
Lito Vitale al equipo periodístico de la autora (2004).
Pág. 104
Rubens *Donvi* Vitale al equipo periodístico de la autora (2004).
Pág. 105
Indio a *Clarín* (1996).
Lito Vitale al equipo periodístico de la autora (2004).
Rubens *Donvi* Vitale al equipo periodístico de la autora (2004).
Pág. 106
Skay a *El Día* de La Plata (1996).
Indio a la autora, *Humor* (1988).
Poli a la autora, *Humor* (1984).
Pág. 107
Rocambole a la autora (2004).
Pág. 108
Alfredo Rosso a la autora (2004).
Pág. 109
Declaraciones de Alfredo Rosso a la autora (2004).
Pág. 110
Alfredo Rosso a la autora (2004).

Rafa Hernández a la autora (2004).

Pág. 111

Indio a *La Razón* (1985).

Pág. 112

Indio a la revista *Un huevo y medio* (1988).

Pág. 113

Indio a la revista *Rock & Pop* (1987).

Rocambole a la autora (2004).

Nota de Eduardo de la Puente publicada en la revista *Rock & Pop* (1986).

Pág. 114

Indio a *Clarín* (1991).

Pág. 115

Indio a *Rolling Stone* (Edición especial: Hits del rock argentino).

Indio a *La García* (2000).

Alfredo Rosso a la autora (2004).

Pág. 116

Indio a la revista *Un huevo y medio* (1988).

CAPÍTULO 7

Pág. 117

Willy Crook al equipo periodístico de la autora (2003).

Pág. 118

Willy Crook al equipo periodístico de la autora (2003).

Indio a la autora, *Humor* (1988).

Pág. 119

Indio a la revista *Crisis* (1988).

Pág. 120

Skay a *El Día* de la Plata (1996).

Gustavo Gauvry al equipo periodístico de la autora (2004).

Pág. 121

Skay a *El Día* de la Plata (1996).

Gustavo Gauvry al equipo periodístico de la autora (2004).

Indio a la autora, *Humor* (1989).

Pág. 122

Gustavo Gauvry al equipo periodístico de la autora (2004).

Pág. 123
Alfredo Rosso a la autora (2004).
Gustavo Gauvry al equipo periodístico de la autora (2004).
Pág. 124
Nota publicada en la revista *Rock & Shows* (1992).
Pág. 125
Indio a Tom Lupo para *Planeta Urbano* (1998)
Pág. 126
Indio a la autora, *Humor* (1997).
Indio citado en el "Sí" de *Clarín* (1999).
Pág. 128
Poli citada por Fernando Sanchez y Daniel Riera en *La Maga* (1992).
Indio a *Generación X* (1994).
Pág. 129
Texto que acompaña el disco *La mosca y la sopa*.
Claudio Kleiman a la autora (2004).
Pág. 130
Nota publicada en *La Maga* (1992).
Nota de la autora, publicada en *Humor*, diciembre de 1989.

CAPÍTULO 8
Pág. 133
Indio a *Rolling Stone* (1999).
Pág. 134
Indio a *Rolling Stone* (Edición especial: Hits del rock argentino).
Pág. 135
Indio a *Rolling Stone* (2000).
Pág. 137
Indio a Martín Caparrós, para *Siglo XXII*.
Pág. 138
Indio a *Generación X* (1994).
Pág. 139
Indio a *Planeta Urbano* (1998).
Pág. 140
Indio a *Generación X* (1996).

Pág. 144

Indio a *Clarín* (1993).

Pág. 145

Indio a FM Rock & Pop. Texto extraído de elfoco.com (2000).

Pág. 146

Indio a *Clarín* (1994).

Pág. 147

Indio en una charla para un taller de periodismo (1992).

Pág. 149

Indio a *Cantarock* (1987).

Pág. 150

Indio a *Página/12* (1997).

Indio a *Rolling Stone* (1999).

Pág. 152

Indio a Martín Caparrós, para *Siglo XXII*.

Pág. 154

Indio a *Rolling Stone* (1999).

CAPÍTULO 9

Pág. 155

Pupeto Mastropasqua al equipo periodístico de la autora (2004).

Pág. 156

Mufercho a la autora (2004).

Rocambole a la autora (2004).

Pupeto Mastropasqua al equipo periodístico de la autora (2004).

Pág. 157

Indio a la autora, *Humor* (1994).

Pág. 158

Lito Vitale al equipo periodístico de la autora (2004).

Indio en conferencia de prensa, Olavarría (1997).

Pág. 161

Claudio Kleiman a la autora (2004).

Poli a *Clarín* (2001).

Datos recogidos por Mundoredondo1.com.ar.

Pág. 162

Indio a una revista under de Mar del Plata (1988).

Pág. 163
Gustavo Gauvry al equipo periodístico de la autora (2004).
Pág. 164
Isa Portugheis al equipo periodístico de la autora (2004).
Pág. 165
Pupeto Mastropasqua al equipo periodístico de la autora (2004).
Pág. 165 y ss.
Indio a *Los Inrockuptibles* (diciembre de 2004)
Indio a *TXT* (diciembre de 2004).
Indio a *Rolling Stone* (diciembre de 2004).
Indio al "Sí" de *Clarín* (3 de diciembre de 2004).
Indio a *La Mano* (diciembre de 2004).
Pág. 168
Indio a Mario Pergolini para FM Rock & Pop (2 de diciembre de 2004).
Indio a *Clarín* (diciembre de 2004).
Indio a *La Nación* (diciembre de 2004).

ÍNDICE

Esta edición de 8.000 ejemplares
se terminó de imprimir en
Cosmos Offset S.R.L.,
Coronel García 442, Avellaneda, Bs. As.,
en el mes de abril de 2005.